아무것도 아닌 사람들

아무것도 아닌 사람들

2025년 7월 22일 초판 1쇄 발행

| 글 | 이득신 |

책임편집	김세라
디자인	김다솜
마케팅	김선민
관리	장수댁
인쇄	정우피앤피
제책	바다제책

| 펴낸이 | 김완중 |
| 펴낸곳 | 내일을여는책 |

출판등록	1993년 01월 06일(등록번호 제475-9301)
주소	전라북도 장수군 장수읍 송학로 93-9
전화	063) 353-2289
팩스	0303) 3440-2289
전자우편	wan-doll@hanmail.net
블로그	blog.naver.com/dddoll
ISBN	978-89-7746-868-9 03300

ⓒ 이득신, 2025

*이 책의 내용은 저작권법의 보호를 받는 저작물이므로 무단전재와 복제를 금합니다.
*잘못 만들어진 책은 구입처에서 바꿔 드립니다.
*책값은 뒤표지에 있습니다.

아무것도 아닌 사람들
대리기사의 눈에 비친 우리의 민낯

글 이득신

목차

추천의 글	8
책을 펴내며	15

1부 우울한 세상

대리기사가 느끼는 최악의 불경기	20
계엄령의 밤	28
탄핵의 광장	35
아무 일도 일어나지 않았다?	41
왕과 노예 사이	47
주 100시간 일하는 사람들	54
유흥비와 대리비	60
총을 든 예수	66
계급사회	73
다단계 대리운전 회사	81
꿈꾸는 식물	86
부부 대리기사	93
자본주의의 만행	97
엄마야 누나야	103

2부 회색지대

나는 누구인가	111
아무것도 아닌 사람들	118
고래 싸움에 터지는 새우 등	124
운수노동자인가, 감정노동자인가	130
새벽이슬 맞으며	136
대리기사의 퇴근길	141
지옥의 좀비들	148
누가 갑질을 하는가	155
대리운전 요금은 어떻게 결정될까	161
월천기사	168
밥줄을 끊어라	176
이중으로 뜯어가는 대리운전 보험료	184
대리기사의 직업병	191
그들이 돈을 버는 방식	196
플랫폼의 노예들	203
음주의 역사, 단속의 역사	210

추천의 글

지난 3년간 윤석열 정부하에서 불황을 가장 뼈저리게 느낀 이들은 자영업자와 소상공인이다. 그들에게 닥친 불황 심화는 거리의 기사에게도 그대로 전해졌다. 택시와 대리기사들도 불경기의 늪을 벗어날 수 없었다. 그럼에도 불구하고 이동노동자들이 생계를 마다하며 광장으로 달려간 이야기가 눈길을 끈다. 6개월이라는 계엄령의 한파를 이겨낸 국민 모두와 그 자리를 지키며 분노의 함성을 보낸 이들에게 감사의 마음을 전한다. 우리 곁의 소시민들이 삶의 터전을 지키며 응원봉으로 혁명을 완수한 빛의 혁명가들을 대리기사의 시선으로 담고 있다. 모두가 함께 읽고 고민해야 할 좋은 글이다.

박시영
〈박시영 TV〉 대표

추천의 글

이 책의 저자 이득신 작가는 한때는 삼성맨으로, 지금은 작가와 시민운동가로 맡겨진 일에 열성적인 나의 동지다. 그의 글은 부드럽지만 때때로 서슬 퍼런 칼날 같다. 그의 논리는 매우 직관적이며 날카롭다. 그가 2년 6개월간 대리기사를 하면서 만난 세상은 우리가 알지 못했고 알려고 하지 않았던 세계다. 그가 만난 사회적 약자들이 우리 곁에 살고 있는 우리의 이웃이며 동료라는 사실을 새삼 느끼게 한다. 취재와 생업을 병행하며 귀한 글이 세상에 나오기까지 애쓴 작가의 노고에 감사의 마음을 표한다.

백은종
〈서울의소리〉 대표

추천의 글

우리 사회의 천박한 욕망은 극단적인 자본주의로 표출된다. 그 과정에서 특히, 이동노동자들의 고통은 매우 심각하다. 고객들에게 편리함을 제공한다는 명목으로 플랫폼은 노동자를 노예화하며 착취를 이어간다. 문제가 생길 때마다 돈으로 적당히 수습하려던 고용주들은 이제 플랫폼 사용 제한이나 또 다른 방식으로 노동자들을 길들이려 한다. 사람이 갑질하는 세상이 아닌, 시스템이 갑질하는 사회로 변해가는 것이다. 이 문제적 세상을 바로잡기 위해 좋은 글을 써주신 이득신 작가에게 감사의 마음을 전한다.

안진걸
민생경제연구소 소장

추천의 글

이득신 작가가 몸으로 쓴 《아무것도 아닌 사람들》을 눈으로만 읽는 게 쉽지 않았던 이유가 턱턱 막아서는 내용들 때문이었다. 윤석열 일당의 내란 시도에 몸을 던져 맞서 싸운 대한민국 민주 시민들에게 묻는 가혹한 질문이 곳곳에 스며있다. 작가는 운전을 하면서 그 어두컴컴한 세상에 겁 없이 빛을 던졌다. 이제 그의 몸짓을 따라 우리가 함께 바꿔 나가야 할 일들이 남았다. 내란이 계속되는 동안 마음으로 함께하며 이곳저곳을 전전해야 했던 대리기사의 마음이 어땠을지를 생각해 본다. 언제라도 '손님'이 될 수 있는 우리도 우레와 같은 박수를 보내는 통쾌한 날이 오면 무거운 맘이 덜어질까? 세상에 빛을 뿌리느라 애써주신 작가에게 경의를 표한다.

이득우
조선일보폐간시민실천단 단장
언소주(언론소비자주권행동) 정책위원

추천의 글

김건희, 디올백, 김대남 등 굵직한 사건을 취재하면서 몇몇 분들의 조언을 받았지만, 그중 이득신 작가의 도움은 결정적인 힘이 되었다. 2022년 대선 국면에서 김건희 7시간 녹취록을 함께 취재하기도 했으며 디올백 취재 당시에도 작가로서 그의 생각이 많은 의미 부여가 되기도 했다. 윤 정부 대통령실 근무자와의 오랜 통화에도 그는 매우 중요한 감각적 조언을 해주었다. 그가 있었기에 긴 시간 취재할 수 있었고, 진행이 막힐 때마다 그의 도움이 결정적인 역할을 했다. 그는 나의 가장 큰 조력자이며 은인이다. 책의 제목처럼 그는 아무것도 아닌 듯 조용하지만, 사실은 낙숫물이 바위를 뚫는 끈질김을 지니고 있다.

이명수
〈서울의소리〉 기자

추천의 글

작가의 글은 〈시민언론 민들레〉의 기사에서 출발했다. 그 기사를 모은 이 책은 대리기사의 눈으로 본 우리 사회의 민낯을 가감 없이 드러내고 있다. 팍팍한 삶 속에서 고통받는 이들의 이야기와 플랫폼 노동의 현실을 통해 한국 사회의 어둠을 직시하게 한다. 무엇보다 '아무것도 아닌 존재'라 스스로 칭하지만 실은 이 세상은 바로 그 '아무것도 아닌 사람들'의 노고와 헌신 덕분에 굴러간다는 진실을 전한다.

이명재
〈시민언론 민들레〉 대표

추천의 글

대리기사들의 삶은 매우 열악하다. 전업이건 투잡이건 대리운전은 감정과 체력을 갈아 넣어야 하는 고통이 수반된다. 불편하고 부당한 환경, 플랫폼의 횡포와 노예화되어가는 대리기사들의 안타까운 처지는 노동조합의 필요성을 절실하게 만드는 요인이기도 하다. 법과 제도의 사각지대에서 차별과 배제로 권리를 부정당하는 대리기사의 처참한 노동환경을 고발하고 그 속에서도 꿋꿋한 대리운전 노동자의 삶을 보여준 작가에게 감사의 마음을 전한다.

이창배
전국대리운전노동조합 위원장

책을 펴내며

2024년 가을, 두 여성이 연일 언론을 장식했다. 명품백을 메고 화려한 의상을 입은 모습으로 연일 사건의 중심을 오르내리는 여성이 있었고, 소박하고 화장기 없는 얼굴에 느릿한 말투로 세계의 열광을 이끌어낸 노벨문학상 수상 작가가 있었다. 국민의 삶을 돌보아야 하는 자의 배우자는 자신의 비리와 부패가 무엇인지 알지 못했고, 또 다른 여성은 국민들에게 꿈과 희망과 용기를 주며 절망과 좌절로부터 벗어나게 하는 힘이 되었다. 한 여성은 나라의 검은 실력자가 되어 매일 나대기를 계속했지만, 다른 이는 자신을 축하해주는 분위기에도 기자회견마저 사양한 채 그저 조용히 세상을 성찰하고 관조했다. 그즈음에 대리운전을 하고 있던 내가 손님들로부터 가장 많이 들었던 이야기다.

음주 여부와 관계없이 권력자를 욕하는 일이 국민스포츠라고 하더라도, 누군가를 비교하는 일은 단순한 재미를 넘어서 소시민들에게는 일상이 무너지는 중압감 해소의 다른 방식이었다. 서민들의 생계가 무너지는 일이 계속되었기 때문이다. 계엄령과 내란 사태를 거치며 삶은 더욱 피폐해져 갔다. 지역 상인들의 일상이 무너진다는 것은 대리기사의 일상도 함께 무너짐을 의미한다.

이 책은 2023년 1월부터 2025년 6월까지 대리기사의 눈으로 바라본 세계를 기록한 글이다. 권력자는 고객이 요청한 목적지까지 안전하게 고객을 모셔야 하는 대리기사와 비슷하다. 그 차는 자신의 차량이 아니다. '국가의 주인은 국민'이라는 당연한 헌법 지식처럼 자신에게 정해진 시간 동안 안전하게 국민을 모시는 것이 권력자의 역할이다. 지난 3년간 우리는 국가권력이 끝없이 남용되는 것을 목격했다. 이는 대리기사가 손님의 차량으로 각종 법규를 위반하며 난폭운전을 한 것과 비슷한 맥락일 듯하다.

 이 글을 쓰기 위한 시간은 평생 경험하지 못한 고난의 세월이었다. 육체적 피로와 정신적 스트레스를 동반하며, 많게는 주 100시간을 일하면서 경험한 작가의 시선이 결코 객관적일 수는 없다. 다만, 2년 6개월의 시간 동안 국가는 권력자의 것이 아니며 '국민이 주인'이라는 당연한 진리를 알게 되는 사무치는 시간이었다. 부당한 권력을 향해 부당하다고 외쳐야 한다는 교과서적 시선이 아니라 상식의 시선으로 바라보는 시간이기도 했다. 국민에게 총부리를 거눈 권력자는 범죄자로서 반드시 법의 처벌을 받아야 한다는 당연한 사실을, 그래서 다음 세대에게 다시는 이런 세상을 물려주고 싶지 않은 평범한 진리를 위해 내가 할 수 있는 일을 하며 살고 있다. 무법천지로 날뛰던 자를 겨우 몰아내는 시국에 그 못지않은 무법 세상이 펄펄 살아있다는 것을 지켜보는 일도 참담하다. 두 차례의 촛불혁명을 거치며 새로운 권력자들이 알아서 바꾸라고 말만 할 수는 없는 노릇이다. 혁명을 국민의 손으로 이루어 냈듯, 개혁도 국민의 손으로 이루어 내야 한다는 것은 당연한 명제가 되었다. 그 당연한 명제를 위해 나는 매일 글을 쓰며 시민단체의 사무국장직을 수행하고 야간에는 대리운전을 하며 주말에는 집회에 참석한다.

이제 새 정부가 탄생했다. 지난 6개월간 광장의 뜨거움과 한파 그리고 혼돈과 질서가 교차하며 태어난 정부다. 아직 내란의 냉기는 남아있지만, 청산의 기대감은 특검이 출범하면서 높아져 있다. 정치적 환경 못지않게 노동자들의 노동환경에도 변화를 이룰 기대감으로 노동자 출신이 고용노동부 장관이 되었다. 기업인 출신이 산업통상자원부 장관이 되는 것을 당연하게 받아들이는 것처럼 노동자 출신이 고용노동부 장관이 되는 세상도 독특한 사례가 아닌 평범한 시선을 희망한다.

처음엔 부족한 생활비를 충당하기 위해 투잡의 하나로 선택했던 대리운전이 시간이 지나면서 부당한 노동과 대우에 저항하는 이동노동자의 경험체가 되었다. 가진 고객들의 갑질과 진상 손님들의 술주정에 며칠씩 몇 주씩 쉬었던 날도 있었지만 대한민국 사회의 민낯을 그대로 담기 위해 수도권 곳곳을 누비며 동료 대리기사와 대화를 통해 하고 싶은 이야기를 실었다. 우울한 세상과 착취당하는 노동현실을 담담하게 펼쳐 보이려 했지만, 차분한 성찰보다 분노어린 시선이 글의 지배적인 감성이 된 것은 작가의 작은 그릇 때문임을 미리 밝힌다.

책의 제목인 '아무것도 아닌 사람들'은 이중적인 의미를 지니고 있다. 인터뷰를 진행하면서 "대리기사가 노동자인가 자영업자인가?"라는 질문에 "우리는 노동자도 아니고 자영업자도 아닌 '아무것도 아닌 사람들'이다"라는 자괴감 어린 어느 대리기사의 답변을 제목으로 정하게 되었다. 또한 계엄령의 밤에 아무 일도 일어나지 않았다는 권력자의 말에, 그날 밤 민주주의를 지키기 위해 국회로 몰려든 시민들은 '아무것도 아닌 사람들'일 것이라는 분노형 제목이기도 하다.

〈시민언론 민들레〉에 '대리기사 이야기 : 플랫폼의 노예들'이 독자들에게 의미부여 될 수 있도록 도움을 주신 〈시민언론 민들레〉 이명재 대표님과 김호경 에디터께 큰 감사를 드린다. 졸필에도 불구하고 출판을 제의해주신 출판사 김완중 대표님과 편집과 교정으로 수고해주신 김세라 실장님에게도 감사의 마음을 빼놓을 수 없다.

본문 곳곳에 나오는 이름은 모두 가명임을 밝히며, 흔쾌히 인터뷰에 응해주신 동료 대리기사와 나에게 운전을 맡겨주신 취객들, 한파 몰아치던 날의 따뜻한 커피와 갑작스러운 소나기에 자신의 우산을 선뜻 건네주신 고객들의 은혜도 잊지 못한다. 사랑하는 가족의 응원이 있었기에 이 책이 세상에 나오게 됨을 또한 감사드린다.

1부

우울한 세상

대리기사가 느끼는 최악의 불경기

　1989년 1월 1일부터 해외여행이 자유화되었다. 민주화 바람을 타고 여행 업계에도 일종의 광복절이 찾아온 것이다. 그전에는 해외여행을 가려면 정보기관의 허가를 받아야 했고 한국반공연맹이 주관하는 반공교육을 받아야 했다. 허가를 내주는 과정에서 직장인이면 소속 회사의 매출까지 따졌다. 1987년 6월항쟁 이후 시작된 노동자 총파업으로 노동자들의 목소리가 조금씩 발현되기도 했다. 그즈음 남녀고용평등법이 시행되면서 여성들은 결혼해서도 직장생활을 계속할 수 있는 길이 열렸다. 그전까지만 해도 사기업에서 일하는 여성들은 결혼과 함께 퇴사를 강요받는 것이 자연스러운 일이었다. 이 때문에 결혼 사실을 숨기고 직장생활을 계속하는 여성들도 상당히 많았다. 남녀고용평등법은 1987년 민주헌법에 적시된 평등권으로 마침내 의미 있는 첫발을 내디딘 것이다. 최저임금제도 역시 정치

민주화 바람을 타고 1988년 1월 실시된 제도다.

이러한 상황을 지켜본 외신기자가 1989년 9월 〈워싱턴포스트(WP)〉에 "샴페인을 너무 일찍 터트렸다"라는 제하의 한국발 기사를 내보냈다. 해외여행이 자유화되고 노동자 인권에 새바람이 불면서 일밖에 모르던 한국인들에게 '한국병'이 시작되었다고 〈조선일보〉가 인용했고, 다수 언론은 이를 마치 진실이나 되는 것처럼 줄줄이 보도하기 시작했다. '김칫국부터 마신다'라는 한국식 표현이 있음에도 보수 세력들은 굳이 샴페인을 들먹이는 표현을 쓰면서 서양인의 시선이 마치 정답인 것처럼 '노동자 계몽'에 적극성을 보였다.

샴페인이라는 표현은 결국 한국의 자본가와 기득권의 집단의식을 형성하면서 노동자를 억압하고 핍박하는 구실이 되어 오늘에 이르고 있다. 노동자의 인권, 복지, 최저임금 인상 등이 거론될 때마다 아직은 때가 아니라며, 샴페인 사건을 언급한다. 노동자들 임금 인상과 해외여행 등의 과소비 때문에 당장 나라가 망할 것 같다는 〈조선일보〉의 호들갑이 노동자 탄압의 구실을 제공해 주기도 했다. 군사독재가 종식되고 문민정부가 들어선 후에도 경기 호황은 계속되었다. 내가 대기업에 입사하던 1996년에는 그런 바람을 타고 당시 역대 최대 규모인 5천 명이 삼성그룹 신입사원의 명찰을 달았다.

이후 IMF 구제금융 시절을 극복하고 국민소득 1만 달러를 회복하여 2만 달러, 3만 달러의 시대를 살고 있지만, 경기에 민감할 수밖에 없는 자영업자와 중소상공인들이 경기가 좋다고 느낀 시절이 단 한 순간이라도 있었을까. 경기가 나쁘다고 느끼는 국민들 다수는 다분히 주관적 판단으로 불경기를 진단할 것이며, 대체로 경기 위축이라는 단어에는 자신의 생계와 삶에 지대한 영향을 미치는 의미가 포함되어 있다.

내가 대리기사를 시작한 것이 2023년 1월이니 윤석열 정부가 들어서고 불과 7~8개월 정도 되던 시점이었다. 번화가 어디를 가든 대리기사 수요가 있었고 상가들마다 불빛이 찬란했다. '콜'이 잡혔다면서 수고하라고 인사하고 자리를 뜨는 기사들과 새로 유입되는 기사들, 흥청거리며 걷는 취객들, 주변을 어슬렁거리는 업소의 호객꾼들이 뒤섞여 있는 게 유흥가의 풍경이었다. 그로부터 2년 넘는 시간이 흘렀다. 그간 참 많은 일들이 있었지만, 윤석열 정부 시기에 겪었던 경기 불황은 실로 심각한 수준이었다.

대리기사들이 체감하는 경기는 통계에 잡히지 않는다. 그러나 통계에 잡히는 경기 상황보다 더 현실적이다. 대리기사들은 전국 곳곳을 유흥가와 번화가 중심으로 이동한다. 또한 상권이 형성된 곳을 다니기에 시간과 발품이 소득과 직결되곤 하며, 경기 상황을 피부로 직접 체감한다. 특정 지역에서만 일해야 하는 택시 기사들과 달리 지역 제한도 없어서, 내 경우도 수도권의 상황을 속속들이 들여다볼 수 있다. 특히 대리기사로 일하면서 작가와 기자라는 직업을 병행하기에 가는 곳마다 관찰력을 동원해 주변을 살피곤 한다.

경기가 좋지 않았던 증거는 우선, 업계 상황에서 증명된다. 코로나 시국 이전에 20만 명 정도였던 대리기사 숫자가 최근 들어 30만 명에 육박하고 있다. 경제가 어려워지면서 '투잡'을 하려고 뛰어든 기사들이 급증한 것이다. 한편 대리운전 회사들은 무한 경쟁 속에 저가 콜을 대량으로 양산하는 상황이다. 불경기 속에 취객이 부르는 대리운전을 하나도 놓치지 않으려는 계산이겠지만, 제 살 파먹기식의, 모두 공멸하는 무모한 경쟁이라는 지적이 나오고 있다.

한때 강남구와 서초구 일대는 몰려드는 대리기사들 모두에게 콜을 공급해 줄 수 있을 정도로 상황이 매우 좋았다. 그러나 지금은 강남 지역으로 진입하는 것을 부담스러워하는 대리기사가 많다. 급증한 대리기사들 탓에 콜을 잡기가 하늘의 별 따기처럼 어렵기 때문이다. 대리운전 기사는 늘었지만 대리운전 수요는 감소한 탓이다.

이런 현상은 강남뿐만 아니라 대부분의 유흥가에서도 확인할 수 있다. 같은 지역에서 2023년과 2024년, 1년 사이의 급격한 변화를 실감한 적이 있다. 2023년 여름쯤 경기도 군포 금정역 인근에 도착한 것이 주말 새벽 3시경이었다. 서울과 인천 인근을 제외하고 밤새 불이 켜진 수도권 중소도시 지역 번화가의 모습을 그날 처음 목격했다. 콜을 잡는 것도 어렵지 않았다. 10분 정도 휴식을 취하자, 인천으로 가는 고객과 함께 그곳을 무사히 떠날 수 있었다.

그러나 1년이 지난 2024년 여름 주말 비슷한 시간대에 다시 찾은 그곳은 아예 초토화 되어 있었다. 화려한 조명이 켜져 있어야 할 곳에는 어둠이 짙게 깔려 있고, 식당과 호프집은 이미 영업을 모두 종료하였으며 군데군데 텅 빈 상가에는 "임대 중"이라는 현수막만 나부끼고 있었다. 행인의 모습은 보이지 않고 노래방 간판만이 불경기를 조롱하듯 오지 않는 손님을 쓸쓸히 기다리고 있었다. 그날 아침 지하철 첫차로 겨우 그곳을 뜰 수 있었다. 대리기사가 그런 식으로 지역을 '탈출'하는 것만큼 우울한 일은 없다.

각종 유원지에서는 사람보다 많은 식당이 분주하던 과거를 추억하며 일찍 영업을 종료한다. 유흥가와 인접한 모텔촌도 한적한 것은 비슷하다. 어딜 가도 손님이 없기는 매한가지다. 새벽 4시경에 영업을 종료하던 식당 사장님들이 1시경이면 문을 닫고 혼술을 마시며 대리기사에게 하소연을 거듭한다. 1년째 적자라는 어느 호프집 사장님은 가게를 매물로 내놓았지만 보러 오는 사람 한 명 없다며 울상이다. 대부분의 식당이 매물로 나와 있지만 식당이나 음식점을 개업하려는 이들은 눈을 씻고 찾아도 보이지 않는다는 부동산 중개소 사장님의 우려스러운 목소리도 들려온다. 유흥업소 종업원도 일찍 끝나는 것은 마찬가지라고 한다. 과거에 평균 새벽 5시에 일을 마치던 그들은 이제 오전 1시경이면 일을 마치고 귀가를 준비한다. 이 모두가 대리기사에게 불경기를 한탄하며 생계를 걱정한다.

직원 3명을 데리고 작은 제조업을 하는 어떤 고객은 직원들 인건비 충당을 위해 대리기사 일을 해야 될 것 같다면서 나에게 이런저런 자문을 구하기도 했다. 코로나 이후 음주문화가 1차에서 끝나는 경향이 높아졌고, 이는 24시간 영업하는 식당이 많이 줄어든 이유이기도 하다. 돈벌이가 수월하지 않은 상황이고 돈이 돌지 않으니 부득이 마셔야 하는 자리만 참석하여 가볍게 마시고 자리를 뜨는 것이 요즘 회식 문화라고 귀띔했다.

코로나 시절엔 강제로 영업 제한을 실시하였기에 식당이 있는 번화가 지역은 밤 10시까지 '짧고 굵게' 대리수요가 있었다. 오히려 사무실이나 아파트 등의 주택가에서 대리수요가 꾸준히 있기도 했다. 심지어 영업 제한에 불만을 품은 업소들은 남몰래 불법영업을 하기도 했으니, 대리기사가 많지 않던 시절이라 오히려 대리기사들은 호황이었다는 이야기도 들린다. 대리비가 지금보다 훨씬 좋았던 시절이기도 했다.

2023년 여름 즈음에 마포구 상수역 근처에 간 적이 있다. 그곳에서 번화가를 찾아 어느 모퉁이를 도는 순간 지진이 일어난 듯한 굉음과 함께 땅이 흔들리는 느낌을 받았다. 다름 아닌 홍대 클럽 거리였다. 그런 곳이 있다는 건 알고 있었는데 대리기사를 하면서 난생 처음 가보았다. 요즘엔 그곳 클럽 거리에서도 굉음과 진동만이 호객 행위를 할 뿐 실제로는 젊은이들의 모습도 뜸하고 흐느적거리는 취객도 별로 보이지 않는다.

2024년 8월 29일, 우리 경제가 살아나고 있다는 당시 윤석열 대통령의 국정브리핑이 있었다. 심지어 모 국무위원은 무역수지가 흑자로 돌아섰다면서, 우리 경제가 나쁘지 않다고 말하기도 했다. 모두가 죽는다고 아우성치는 상황에서 나온 뜬금없는 발언이었다. 소비는 줄고 세금은 걷히지 않고 서울은 아파트 거래만 폭증하고 있었다. 경기가 부진하고 재정 운용은 차질을 빚고 집값과 가계 빚 불안은 확대되는 상황에서 나온 뜬금포였다. 코로나19로 사회적 거리두기가 한창이던 때보다 더욱 열악해진 내수경기를 전혀 실감하지 못하는 것이었다. 대통령이나 장관이 현실을 모르고 통계를 들여다보지도 않으니 국민 현실의 삶과는 동떨어진 발언만 튀어나온 것이다.

민주헌법 쟁취 이후 조금씩 나아지던 국가의 상황은 감옥으로 간 두 전직 대통령 이후 급격히 추락했다. 그리고 윤석열 정부가 들어선 후에는 추락이라는 단어를 쓰기에도 민망할 만큼 나라가 엉망이 되었다. 경기가 호황이라던 그의 발언과 동떨어진 글을 쓰는 나는 어쩌면 그가 말한 '반국가세력'일지도 모른다. 과거 〈조선일보〉가 정권과 한통속이 되어 노동자를 때려잡을 때 썼던 '샴페인 터트린 이야기'가 앞으로는 어떤 버전으로 회자될지 궁금하다.

2025년 4월 4일과 5일은 경기가 회복되는 듯했다. 여기저기서 파면 축하 파티가 이어졌고, 늦은 밤까지 대리기사를 부르는 콜이 요동쳤다. 경기는 '심리'라고 했던가. 최근 들어 경기가 좋은 날은 딱 이렇게 이틀뿐이었다. 경기는 구조적 환경과 타 산업과의 연관성 등 복합적인 요인도 크게 작용하기 마련이다. '귀족 노조' 때문에 나라가 망한다며 국가 경제의 문제를 노동자에게 전가한 것은 매번 있었던 일이다. 그러나 국정농단으로 또는 권력자 일가의 부정부패로 나라가 망한 적은 있어도 노동자 임금 때문에 국가가 망한 사례는 지금까지 세계사에서 단 한 차례도 존재하지 않았다. 국민을 계몽의 대상으로 여기며 계엄령을 선포하는 나라이니 최고 권력자의 눈높이가 정부에서 세상을 재단하는 기준일 것이다. 그러나 대통령은 내란과 부정부패로 감옥에 가더라도 민초들은 매일매일 힘겨운 삶을 살아내야 한다. 참으로 우울한 세상이다.

계엄령의 밤

2024년 12월 3일은 늘 그랬던 것처럼 퇴근길 대리운전을 하고 있었다. 그날은 아침부터 조금 우울한 날이었다. 내가 프리랜서 기자로 적을 두고 있는 〈서울의소리〉가 압수수색을 당하고 있었고, 나의 지인들 몇 명 역시 압수수색 대상으로 뉴스에 오르내리고 있었다. 당연히 통화도 어려웠다. 그렇게 저녁이 되었고, 여의도 사무실에서 대리기사 앱을 켜고 콜을 기다렸다. 그날따라 대리운전을 부르는 콜이 잡히지 않아 대기시간도 다소 길어지고 있었다. 첫 운행치고는 다소 늦은 시간에 대리운전이 잡혔다. 영등포를 거쳐 철산으로 가는 콜이었다. 손님을 내려주고 철산역에서 다시 콜을 기다렸다. 시간이 10시 40분을 가리킬 무렵 시흥으로 가는 콜이 울렸다. 재빨리 운행 수락 버튼을 누르고 고객이 기다리는 출발지로 이동했다.

앱에서 콜이 울리기만을 기다리던 터라 그 시간 나는 엄청난 뉴스가 터진 것을 모르고 있었다. 고객은 나를 만나자마자 그저 빨리 가자는 말만 반복했다. 시흥의 신천 방향으로 가는 고객이었다. 계엄령이 내려졌다는 소식을 그 고객을 통해 알게 된 것이다. 당황스러운 건 나도 마찬가지였다. 고객을 귀가시키는 중이니 운전을 중단할 수는 없는 노릇이었다. 다만, 고객을 내려준 뒤에 어디로 가야 할지 고민스러웠다.

그러는 새 고객은 자신의 이야기를 풀어놓기 시작했다. 그는 1980년 '서울역 회군' 당시 현장에 있었다고 했다. 5월의 어느 날이었고, 자신의 기억에 가장 많은 사람이 시위에 참여한 날이었다고 했다(나중에 찾아보니 5월 15일로 확인되었다). 그는 당시 두어 달 후인 7월에 입대 예정인 대학생이었다. 박정희의 피격으로 1979년 10월 27일부터 내려진 계엄령이 그때까지 계속되고 있었다. 전두환 물러가라는 구호가 등장했으며 계엄령하에 억눌려있던 학생들의 민주화 요구가 거세지면서 5월 13일 이후, 학내에 머물던 대학생들은 가두로 진출하여 시위를 벌였다. 서울역 광장 앞에 10만여 명의 대학생과 시민이 자발적으로 모였다. 시위대는 조속한 시일 내에 계엄을 해제하고 민주화를 추진할 것을 주장했다. 시위는 그날 밤 8시까지 이어졌다. 계속된 농성을 통해 대학생과 시위대의 의사를 전달했고, 자칫 군이 개입할 명분을 줄 수 있다는 주장이 나오자 당시 서울대 총학생회장이던 심재철이 해산을 발표했다. 이것이 그 유명한 '서울역 회군'이다.

그러나 그날 이후 전두환 일당은 전국에 확대 계엄령을 선포하여 주요 시위 인물들을 모두 잡아들였다. 광주를 피로 물들였고, 김대중에게는 내란음모 혐의를 조작하여 구속하였다. 전두환 일당과 싸우던 대학생들 모두에게도 수배령이 떨어졌다. 정상 수업을 받으며 당분간 시국을 관망하기로 한 대학생들의 결정은 패착으로 돌아왔고, 이후 수많은 민주인사가 거친 핍박을 받으며 80년대 한 많은 시간을 보내야 했다.

당시 고객은 입대 영장을 받고 대기 중이었기 때문인지 강제 연행은 당하지 않았다. 그러나 주변의 친구와 동료들이 잡혀가는 모습을 지켜봐야만 했다. 간헐적으로 학생운동에 참여했던 고객은 청년 시절 계엄령을 몸소 경험했으며, '서울의 봄'을 영화가 아닌 현장에서 체험한 세대였다. 그런 이유로 군대에서도 '요주의 인물'로 여겨져 처음엔 감시의 대상이 되었다. 그에게 계엄령은 악몽과 같았다. 야간 통행금지로 늘 귀가에 쫓겨야 했고, 대학 도서관이건 잔디밭이건 경찰들이 수시로 들락거리며 감시의 눈길을 보냈다. 소위 '녹화사업'이라는 이름으로 프락치활동을 강요받은 사람들이 고문에 못 이겨 동료를 배신하던 시절이다. 군대를 제대했을 때는 계엄령도 통행금지도 해제된 상황이었지만 세상은 계엄령보다 더 혹독했다. 화염병과 최루탄이 날아다녔고, 전경을 향한 벽돌과 대학생을 향한 곤봉이 서로를 겨누며 죽일 듯 길거리 전쟁을 반복했다.

평범하지 않은 대학 생활을 겪은 이후 그는 운동권에서 멀어지며 일반 시민으로 돌아왔다. 이제 운동권에서 멀어진 지 한참이 된 고객에게 계엄령은 그저 단순한 해프닝이 아니었다. 그는 집으로 가는 길 내내 가족들에게 외출 금지를 부탁하는 전화를 돌렸다. 40여 년 전 계엄령의 처절함을 경험한 이들에게 지난 12월 3일 밤은 과거를 소환한 아픔이었다. 그 시절의 기억이 아직도 악몽처럼 되살아나는 이들에게 상처는 그저 상처가 아니었으며, 흉터는 결코 가볍지 않았고 기억은 트라우마가 되어 삶을 지배하기도 한다. 살아있는 악몽이란 그런 것이었다.

시흥에서 고객을 내려주고 촛불집회 집행부에서 일하는 지인에게 급히 전화를 걸었다. 지금 상황이 어떠한지를 물었다. 예상대로 그도 여의도로 향하던 중이었다. 그는 나에게도 올 수 있으면 국회로 와달라고 했다.

그와 통화를 끝내자마자 마침 인천 주안으로 가는 대리운행을 잡게 되었다. 집과 여의도의 행선지 갈등 속에서 집으로 가는 방향으로 콜이 울린 것이다. 급히 고객에게 향했다. 계엄령이 내려지고 머리가 복잡하게 돌아가고 있었다. 도대체 21세기 문명국가 대한민국에 계엄령이라니. 이 무슨 날벼락이란 말인가. 온갖 생각을 거듭하며 고객에게 도착했다.

고객은 30대 초반으로 보이는 젊은 남성이었다. 계엄령이 내려졌다면서, 마시던 맥줏집이 갑자기 당일 영업을 중단한다는 소리에 술

맛을 잃고 귀가하는 참이라고 했다. 그 고객은 계엄령이 무슨 의미인지, 사람들이 왜 이리 당황해하는지 알지 못했다. 그는 다만 즐겁게 마시는데 흥을 깨버린 술집 주인이 원망스러웠던 것을 운전 중인 나에게 계속 푸념하고 있었다. 당연히 젊은 세대에게 계엄령은 교과서 속의 세상이었고 역사의 한 페이지에 불과했다. 교실에서 배운 역사가 기억날 리도 없을뿐더러 공부에 관심이 없었다는 그에게 계엄령은 단어조차 생소한 듯 보였다. 그러나 어떤 식으로든 계엄령을 경험한 50대 이후의 세대에게는 계엄령이 공포 그 자체이기도 했고, 이후 통행금지로 연결되는 것은 아닐까 하는 걱정이 앞서기도 했다.

운행 내내 고객은 나에게 계엄령이 무엇인지, 앞으로 어떻게 세상이 흘러갈지를 꼬치꼬치 캐물었다. 군인이 함부로 사람을 때리거나 총으로 쏘아 죽이는 일이 일상적으로 일어날 수 있는 일이 바로 계엄령이라고 설명해 주자 고객은 알코올의 흥을 정리하며 침묵 속으로 빠져들었다. 1980년 5월 광주의 비극적 상황이 재현될 수 있다는 말에 충격을 받은 듯했다. 형식적으로는 국회의 계엄령 해제 요구 덕분에 두 시간 만에 종료되었지만, 가슴이 철렁했던 아찔한 사건이었다. 대한민국에서 다시는 일어나지 말아야 할 일이 벌어지고만 것이다.

1980년 5월의 일로 기억하는 나의 계엄령도 있었다. 당시 전북 남원의 지리산 자락 산골 마을에 살고 있었다. 그날 TV에 누군가가 등장해 불순세력 운운하며 계엄령을 확대하는 뉴스가 발표되었다. 그리고 그다음 날이 되었다. 시골 마을의 봄날이면 자주 그랬던 것처럼 그날도 친구와 놀다가 저녁을 먹고 친구 집 사랑방에서 잠이 들었다. 잠시 후 친구 어머니가 나를 깨웠다. 늦은 시간까지 돌아오지 않은 내가 걱정스러워 엄마가 나를 찾으러 온 것이다. 엄마는 내가 갈 만한 몇 집을 돌며 나를 애타게 찾아다녔고, 그 집에서 나를 확인한 순간 안도의 한숨을 내쉬고는 긴장이 풀린 듯 나의 엉덩이를 몇 번 때려댔다. 괜한 서러움에 울먹이자 엄마가 울지 못하게 내 입을 틀어막고 나를 재촉하며 집으로 향하던 밤이었다. 계엄령이란 게 뭔지 모르는 철부지 시골 소년은 밤이 늦어 친구 집에서 잠이 들었지만, 엄마는 혹시나 무슨 일이라도 생길까 두려워 전화도 없고 가로등도 없던 지리산 자락의 시골 마을을 집집마다 돌며 나를 찾아 나섰던 것이다.

지리산은 빨치산이 출몰한다는 이유로 1970년대 중반까지 입산 금지가 일상화된 곳이었다. 요즘에는 산불 예방 차원의 입산 금지라고 하지만 당시엔 차원이 다른 출입 금지 구역이었다. 지리산 주변은 늘 일상의 계엄령으로 가득했고, 땔감을 구하러 낮은 언덕배기에 오르는 것조차 상당한 눈치 끝에 해결 가능한 곳이었다. 먼 훗날 알게 된 사실이지만 내가 살던 시골 마을에서도 아버지 친구 또래인 두 사람이 한국전쟁 중 지리산 빨치산에 자원 입대한 일이 있었다. 그 가족들은 마을을 떠나 어디론가 사라졌고, 동네 사람들은 혹여

연루라도 될까 봐 모두 쉬쉬하며 살았다. 80년 계엄령 당시 이런 일들을 잘 알고 있던 아버지는 교직에 계셨던 터라 계엄령과 통행금지의 상황이 결코 가볍지 않게 느껴졌던 것이다.

1970~80년대 반공교육으로 세뇌된 자들이 아직도 그 정신세계에 머물며 21세기 대한민국에서 통치행위라는 명목으로 계엄령과 내란의 정당화를 주장하고 있다. 이런 대한민국에서 우리가 살고 있다. 우울함과 분노가 솟구치는 45년 전 기억 속 나의 계엄령이다.

탄핵의 광장

　10월부터 여의도로 출퇴근을 반복하는 나에게 국회 앞은 하루하루가 역사의 현장이었다. 퇴근길엔 보통 사무실 주변에서 대리운전을 시작했다. 하지만 국회 앞 탄핵 집회가 시작된 후, 나의 대리운전 일정은 집회 마감 이후로 변경되었다.

　식당 영업을 일찍 마치고 종업원들과 한잔 술을 걸친 후 대리기사를 부른 어떤 사장님에게 2024년 12월 4일부터 2주간 여의도에서 진행된 탄핵 집회는 매우 생소하지만 매우 감동적인 경험이었다. 아무리 인파로 북적이는 곳이라고 해도 200만 명이 모인 여의도의 모습은, 그곳에서 10년간 식당을 운영하면서 처음 보는 일이었다. 집회에 참석하는 분들을 위해 그 식당에 300만 원 '선결제'를 하고 간 손님은 인근에서 작은 사업을 하는 단골손님이었는데, 평소 정치적이거나 정파적인 발언을 전혀 하지 않았던 고객의 선결제는 뜻밖의 감동이기도 했다.

한편 인근에서 주유소 알바가 끝나면 시민들과 함께 구호를 외치며 퇴근했던 '투잡' 고객은 스트레스를 날리는 기분 때문에 강렬했던 2주간의 국회의사당 집회를 인생 최고의 순간으로 꼽았다. 여의도에서 세무사 업무를 하고 있는 또 다른 고객은 계엄령으로 자영업자들이 모두 망하고 있다며 하루라도 빨리 내란이 종식되기를 기도하는 마음으로 살고 있다고 했다.

여의도 국회 인근은 집회가 일상화된 곳이며 어떤 이들의 소음과 다른 이들의 함성이 매일 교차하는 곳이다. 개인의 억울한 피해를 호소하는 사람과 대기업의 횡포 때문에 사업이 망한 이의 억울함이 메아리치기도 한다. 노동자 인권을 위해 매일 기자회견이 벌어지는 곳이며, 각자의 상황과 처지를 알리기 위해 농성이 벌어지고 단식투쟁이 펼쳐진다. 여성의 자기 선택권을 강조하며 낙태를 찬성하는 이와 반대 단체에서 생명의 소중함을 위해 전단지를 돌리는 일이 매일 반복된다. 어떤 법을 만들어달라는 호소 곁에는 어떤 법들을 만들지 말라는 대자보가 붙어있다. 파시즘의 면모를 짙게 풍긴 채 '주사파 처단'을 외치는 이들이 있는가 하면 그런 이들과 언성을 높이며 말다툼하는 모습도 목격된다.

이런저런 목소리가 청각을 오염시키기도 하고 이목을 끌기도 한다. 자신의 주장이 옳다는 것을 말하기 전에 상대방의 주장을 혐오하는 각종 괴뢰 단체의 구호들도 정신이 사나운 건 비슷하다. 심지어 사이비 종교의 신도들까지 나서서 우리 교주는 그런 분이 아니라고 매일 마이크를 잡고 호소하는 이들도 여의도 국회 앞의 일부를 장식한다. 그래서 여의도는 단 하루도 잠잠할 날이 없다.

2024년 12월 4일 새벽, 국회는 계엄령 해제 요구 결의안을 통과시켰지만 정부는 계엄령 해제를 발표하지 않고 있었다. 시민들은 여전히 국회를 지키고 있었고, 그런 모습을 집에서 TV로 지켜보는 나의 답답함도 사라지지 않았다. 늦은 시간까지 대리운전으로 피곤해진 몸을 뉘어야 했지만 '계엄성' 불면이 나의 수면을 방해했다. 유튜브를 통해 몇몇 지인들이 국회 앞을 지키고 있는 광경이 목격되었다. 경찰들의 긴장한 모습도 보였다. 계엄군의 차량으로 보이는 것들이 아직도 국회 주변에 남아있었다. 시민들이 철수하지 못하고 밤을 새운 이유는 결국 계엄군 때문이었다. 목숨을 걸고 달려와 준 시민들이 없었다면 그날 이후 또 어떤 끔찍한 일을 겪어야 했을까. 정신 나간 대통령과 개념 없는 군 지휘관들 그리고 계엄 반대의견 한마디 피력하지 못하는 국무위원들이 망칠 뻔했던 나라를 시민들이 구한 격이다. 겨우 이따위 나라에서 살기에는 계엄을 막아낸 우리 국민들이 너무 훌륭하지 않은가. 생각할수록 소름 돋는 밤이었다.

여의도의 12월은 사뭇 축제의 현장 같았다. 불안과 공포와 분노를 축제로 승화시켜 즐기는 선량한 시민들이 있었고, 느닷없이 계엄령을 발동하고도 대통령을 지키겠다는 뻔뻔한 세력들이 있었다. 그런데 지옥을 경험해야 할 내란 세력들이 어쩌면 저리도 당당할 수 있을까. 12월 3일부터 시민들은 매일 여의도로 향했다. 7일에 탄핵 표결이 있었지만 투표 불성립이 선언되었고, 이후 더 많은 이들이 모이기 시작했다. 평일이냐 주말이냐는 중요하지 않았다. 시험 기간인 대학생들은 집회에 참석해 틈틈이 시험공부에 임하는 모습도 목격되었다.

　나를 비롯한 동료 대리기사들은 집회를 마친 후에야 대리운전을 시작했다. 당장 생계보다 중요한 것은 걱정스러운 대한민국의 현실이었다. 그렇게 국회에서 탄핵소추안이 통과되는 그 시간까지 오직 하나의 목소리와 함성만이 여의도 하늘에 울려 퍼졌다. 시민들은 함께 구호를 외치며 응원과 지지의 목소리를 내기도 했다.

　광장에서는 비상계엄 사태를 기준으로 집회 문화가 달라지고 있었다. 투쟁가와 민중가요로 상징되던 집회 스피커에선 '소녀시대'의 〈다시 만난 세계〉, '에스파'의 〈위플래시〉, '로제'의 〈아파트〉 등이 흘러나왔다. 자신이 응원하는 야구팀의 깃발을 들고 응원가를 개사해 탄핵가를 부르는 이들도 곳곳에서 눈에 띄었다. 2030 여성들을 중심으로 보이기 시작한 아이돌 응원봉은 집회가 거듭될수록 전 세대와 계층으로 퍼져나갔다. 다채로운 색상으로 빛을 밝히며 꺼지지 않는 응원봉은 새로운 민주주의의 상징이 되었다. 집회에 참여하는 사람들을 응원하기 위해 근처 식당이나 카페 등에 미리 결제해두어 집회 참여자들이 자유롭게 이용할 수 있게 한 '선결제' 문화도 새롭게 등장했다. 국회 앞에서 벌어진 집회에서는 매일 가히 '빛의 혁명'이라고 불러도 좋을 만큼 오색찬란한 불빛 응원봉이 거리를 메웠다. 과거 근엄하고 장엄하기만 했던 집회 문화가 축제로 승화되는 신기한 장면을 목격한 것이다. 온갖 아이돌 팬들이 모두 모여 하나의 목소리를 내고 있는 느낌이었다. 1990년대 아이돌 그룹 라이벌이었던 'H.O.T'와 '젝스키스'의 팬이 하나가 된다면 이런 모습이지 않을까 생각했다.

국회의 탄핵소추안이 가결되면서 1차전은 시민들의 승리로 끝났지만, 아직 2차전과 3차전이 남아있었다. 이제 헌법재판소의 결정을 끌어내야 하는 상황이 펼쳐졌다. 시민들은 이제 헌법재판소 앞으로 향했다. 국회 앞에서 '윤석열 탄핵'을 외치던 집회가 헌법재판소 앞으로 옮겨간 것이다. 국회 앞 풍경과는 또 다른 모습이었다. 국회 앞 집회보다 훨씬 더 많은 시간이 소요될 헌재 앞 집회를 대하는 시민들의 마음가짐은 더욱 단단했다.

연말연시 기간 온라인에서는 헌법재판관에게 윤석열 파면을 호소하는 연하장 보내기 운동이 시작되었다. 헌재 인근 직장인들이 퇴근길 집회에 참석한 후 집으로 향하는 모습이 다수 목격되기도 했다. 퇴근길 직장인들은 빈손으로 찾아와 피켓을 얻어갔으며, 시험이 끝난 대학생들은 일상처럼 집회장을 찾아 밤을 새우며 현장을 지켰다. 집회가 끝나면 자원봉사를 자청하는 이들이 마무리 청소를 하며 현장을 정리했다. 누군가는 집회 참석자들에게 각종 음료와 핫팩 등을 무료로 나누어 주는 일에 보람을 느끼기도 했다. 어떤 이들은 헌재 주변의 나들이 코스와 맛집 정보를 공유하기도 했고 집회 전후에 가 볼 만한 곳을 SNS에 소개하기도 했다. 또 어떤 이들은 버스 노선을 세세히 설명하는 글을 각종 커뮤니티에 퍼 날랐다. 집회를 대하는 자세는 진지했으며, 장기전에 대비하는 모습도 눈에 띄었다. 함께하는 이들 모두가 동지이며 친구였고 같은 뜻을 지닌 간절한 시민들이었다.

한강 작가는 말한다. "인간은 어떻게 이토록 폭력적인가? 동시에 인간은 어떻게 그토록 압도적인 폭력의 반대편에 설 수 있는가?" 그 의문에 대해 시민들은 학살과 희생의 과거 역사에 대한 기억과 자발적 참여로 대답을 대신하면서 그날 밤 또 하나의 기적을 만들어냈다. 제주의 아픔과 광주의 분노를 역사로 배운 세대들이 그날 밤 택시를 타고 모여들었다. 계엄군의 폭력과 난동을 막아선 것은 용감한 군인도, 위세 높은 국무위원도, 시민의 지팡이를 자처하는 경찰도 아니었다. 오직 주권자인 국민이 직접 나서서 몸부림치고 울부짖으며 지켜낸 승리였다. 전국에서 빛으로 수놓은 밤하늘은 이 땅의 주인이 누구인지를 알려주는 산 증거였다. 과거를 기억하고 죽은 자들을 기억하는 국민들이, 다시는 그 처참하고 무력한 과거를 반복하지 않겠다는 의지를 보여준 것이다.

아무 일도 일어나지 않았다?

　북풍과 폭설이 살짝 지난 2025년 1월의 어느 날이었다. 한파주의보가 해제되고 날씨가 조금 풀렸다고는 해도 겨울밤이 혹독한 건 여전했다. 새벽 1시가 넘은 시간, 고객을 내려주고 다음 콜을 잡기 위해 하염없이 이동했다. 제설작업은 끝났지만, 갓길과 인도의 경계선엔 흙탕물에 젖은 눈덩이들이 군데군데 얼어붙어 작은 언덕을 이루고 있었다. 길은 미끄러웠고 마음은 심란했다.

　30분을 걸어 겨우 번화가라는 곳에 도착했지만 화려한 업소의 간판만이 유흥가임을 증명하고 있을 뿐 행인이나 취객은 보이지 않았다. 주말 밤이라 대리기사 이동을 위한 셔틀버스도 운행하지 않았고 심지어 주변의 대리기사조차 찾기 힘든 밤이었다. 택시를 타고 귀가하기엔 너무 멀었고, 첫차를 기다리려면 무려 네 시간 가까이 홀로 추위를 견뎌야 했다. 매서운 바람이라도 피하려고 인근 상가 계단에

쪼그리고 앉았다.

다시 30분의 시간이 흘렀다. 근처에서 대리기사 한 명이 포착되었다. 옆 건물에서 한파를 피하고 있는 듯했다. 함께 추위를 녹여 볼까 하는 생각으로 그를 찾아 마주한 순간 깜짝 놀라고 말았다. 서로를 알아보는 눈빛에서 절반의 반가움과 절반의 민망함이 얼굴에 교차했다.

그는 통신 대기업에서 부장으로 퇴사했다. 내가 삼성 재직 시절, 함께 헬스케어 비즈니스를 구상하기도 했고 그 일 때문에 몇 차례 만나 회의도 하고 술잔도 기울이던 사람이었다. 그는 통신사 퇴사 후 알뜰폰 회사에서 잠시 일하다 몇 개월 전 임원으로 퇴직했고 지금은 틈나는 대로 대리운전을 하며 사업 구상 중이라고 했다. 나와 동년배였지만 그는 남다른 스펙의 소유자였다. 자타가 공인하는 대한민국 최고 대학을 나왔으며 그곳에서 박사학위까지 받은 사람이었다.

추위로 얼어버린 몸을 녹이기 위해 우리는 근처 음식점으로 향했다. 다행히 24시간 영업 중인 식당이 눈에 들어왔다. 국밥을 한 그릇씩 시켜놓고 각자 살아가는 이야기를 꺼냈다. 시국이 시국인지라 계엄령과 내란 이야기가 주된 관심사였다. 며칠 전 그는 은박담요를 뒤집어쓴 '인간 키세스'를 직접 눈으로 목격했던 일화를 들려주었다. 새벽부터 내린 눈 때문에 귀갓길을 고민하던 중 집에서 멀지 않은 곳으로 향하는 콜을 수락했다고 했다. 고객을 내려주고 집으로 향하던 중 눈보라 속에서 눈사람 모습으로 모여 있는 이들을 보며 울컥하는 무언가가 쏟아지는 듯 눈물을 주체할 수 없었다고 했다. 그는 공대 출신이었고, 윤석열과 대학동문이었다. 대통령과 개인적인 인연은 없었지만 대한민국 최고 학부 출신이라는 자부심으로 살아가던 터였다. 그런데 그런 서울대가 내란대학교가 되어버린 것이다. 그 참담함과 비통함을 그는 한잔 술과 눈물로 쏟아냈다.

아무 일도 일어나지 않았다는 발언은 내란 장면을 고스란히 목격한 국민들을 우롱하고 분노하게 만든 망발이었다. 살다 보면 가끔은 의도치 않은 행동으로 오해받기도 하고, 의도한 언행 때문에 해명해야 할 일도 생기곤 한다. 이런 상황에서 어떤 이들은 순순히 자신의 잘못을 시인하며 용서를 빌지만, 어떤 이들은 거짓에 거짓을 반복하며 화를 키우는 일도 생기기 마련이다. 그런 순간마다 우리는 스스로의 양심에 가격을 매기게 되기도 하고 상대방의 양심에 가격을 매기기도 한다. 이 가격은 상대적이라 사람마다, 사건마다 다르니 서로 견주어 자랑하거나 비난 또는 비교하는 것은 염치없는 일이다. 오직 자신만이 그 양심 앞에 떳떳하거나 초라해진다. 그는 대통령이라는 자리에서 과연 자신의 양심 값을 어떻게 흥정하고 싶었던 것일까.

그는 분노와 평정을 교차해 가며 대통령 때문에 느끼게 된 이야기를 들려주었다. 대통령은 대한민국 서울대의 수준이 굉장히 낮을 수도 있다는 것을 전 국민에게 알려준 당사자다. 서울대는 오래전부터 국가인재 양성소 같은 역할을 해왔다. 그 이면에서 발생한 부작용이 만만치 않았던 것도 사실이다. 서울대가 장악한 대한민국은 이미 학벌사회로 진입하여, 서울대를 비롯한 소위 명문대학 출신 여부가 성공의 바로미터가 된 지 오래다. 그 중심에 있는 대학이 바로 서울대다. 서울대의 모체는 일제가 만든 제국주의의 산물인데, 서울대는 이러한 영향으로 친일반민족행위자를 배출하는 온상이 되기도 했다. 노벨상 수상자 한 명 배출하지 못하고 국내에서만 최고일 뿐 가장 자본주의화된 대학의 입지만 구축하고 있다. 국내에서든 해외에서든 선한 영향력이라고는 찾아볼 수 없는 지경이 되었고, 엘리트를 뽑아서 바보로 만드는 대학으로 추락하여 결국 윤석열 같은 인간을 배출하고 말았다. 더욱이 내란범죄자를 배출한 대학이라는 오명까지 쓰게 된 현실이다. 이는 윤석열을 통해 보여준 서울대의 실상과 민낯이라고 할 수 있다.

윤석열을 통해 검찰의 속성과 맨얼굴도 알게 되었다. 그들은 오직 시험 성적으로 사법고시에 합격한 부류들인데, 그들이 하고 있는 행태는 오직 얄팍한 법 지식을 적용하는 것밖에 없는 듯하다. 그들은 법 지식을 약자를 괴롭히고 자신들의 정적을 제거하는 수단으로 사용한다. 법은 국가공동체가 추구하는 목적을 위해 그 구성원들에게 기대하는 모습에 합치하는 행위를 하도록 통제하는 역할을 해야 한다. 질서 유지와 인권 보호 그리고 정의 실현 등을 대표적인 목적으로 한다. 그런데 우리나라 검찰은 수사권과 기소권이라는 막강한 권력으로 기소독점주의, 기소편의주의라는 개념을 검찰 중심의 세상으로 만들어가는 데 사용하고 있다. 결국 정의 실현이라는 법의 목적은 등한시한 채 '검찰의 목적 실현'이 우선이 되어 버린 것이다. 이는 바로 윤석열과 그 휘하의 검사 졸개들을 통해 드러나 버렸다.

계엄령의 그날 밤 그는 분당에서 여의도 국회로 향한 이야기도 들려주었다. 밤 11시 무렵 귀가를 생각하던 차에 여의도로 가는 대리콜이 잡힌 것이다. 고객의 집은 성남이었지만 10여 년 동안 여의도로 출퇴근하던 직장인이라고 자신을 소개하며 계엄령을 막아야 한다는 절박감으로 대리기사를 불러 여의도로 향한 것이다. 그러나 여의도 인근에 도착했을 무렵 국회의사당으로 진입하는 주요 도로는 이미 통제된 상태였다. 몇몇 차량과 택시 기사와 승객들이 경찰을 향해 거세게 항의하는 모습이 눈에 띄었다. 운행을 마쳐야 하나 망설이던 순간, 고객이 여의도로 진입할 수 있는 샛길을 알려주었다. 다행히 고객과 함께 인근에 차를 주차하고 국회 앞으로 향했다. 이미 수많은 시민이 모여 있었다. 12시가 넘은 시간, 장갑차를 막고 있는 시민들이 눈에 띄었다. 한쪽에서는 경찰들과 몸싸움을 벌이고 있는 시민들의 모습도 보였다.

시민들 사이에 섞여 경찰, 군인들과 실랑이를 벌이고 있을 무렵 국회에서 계엄령 해제요구안이 의결되었다는 소식이 들려왔다. 주변에서 유튜브로 촬영하며 라이브 송출하던 이들이 소식을 전했고, 모여 있던 시민들은 일제히 환호성을 질렀다. 그리고 얼마 후 계엄군들은 동요하는 듯 한층 소극적으로 행동했다. 시간이 흘렀지만 계엄군이 어떤 식으로 돌변할지 아무도 모르는 상황이라 흩어지지 말고 국회 앞을 지키자는 누군가의 목소리가 들려왔다.

  계엄령의 밤, 그는 그렇게 국회 앞에서 밤을 새운 이야기를 나에게 들려주었고, 우리는 너무도 비현실적인 대한민국의 현실을 개탄하며 첫차가 올 때까지 술잔을 나누었다.

  윤석열은 파면되었지만 아직도 내란세력으로 종사한 수많은 '윤석열'들은 파면되지 않았다. 우리는 민주주의 제도의 취약함을 윤석열로 인해 알게 되었다. 민주주의는 선거를 통해 완성된다는 말이 있는데, 이러한 민주주의 선거제도가 오히려 민주주의를 무너뜨릴 수 있다는 생각을 하게 만든 것이다. '민주주의가 일순간에 무너질 수도 있겠구나'라는 위기의식이 피어난 셈이다. 국민이 주인이라고는 하지만 국민은 한 명이 아니라 다수이기 때문에 실제로 모든 국민이 주인 역할을 하도록 만든 제도가 대의민주주의다. 문제는, 윤석열이 당선된 득표율은 48.56%로, 1위가 모든 것을 차지하는 승자독식의 다수결 방식 때문에 윤석열이 모든 것을 차지하고 말았다. 그가 일으킨 내란 때문에 민주주의 방식으로 선출된 윤석열이 민주주의 이전인 1980년대로 역행시켜버린 황당한 역사가 연출된 것이다. 그를 역사의 아픔에서 지우기 위해 앞으로 얼마나 더 많은 시간이 필요할지 모를 일이다.

왕과 노예 사이

'손님은 왕이다'라는 말은 우리나라뿐만 아니라 세계 대부분의 나라에서 통용되는 오랜 격언이다. 이 말은 프랑스 파리의 한 호텔에서 시작된다. 요즘은 리츠칼튼 호텔이라고 알려진 호텔 리츠의 창업주, 세자르 리츠라는 인물이 있다. 그는 한때 호텔 지배인으로 일하면서 웨일스의 왕세자인 에드워드 7세를 만난다. 그곳에서 왕실의 서비스를 접하며 충격과 감동을 받는다. 이후 리츠 호텔을 설립하여 왕실 서비스를 호텔에 접목해 엄청난 성공을 이루게 된다. 세자르 리츠가 운영하던 호텔은 실제로 왕족과 귀족들이 주로 이용했다. 세자르 리츠의 호텔에 오는 손님이 말 그대로 진짜 왕이었던 셈이다. '손님은 왕이다'의 시작이었다.

하지만 세자르 리츠가 단순히 손님이 진짜 왕과 귀족이었다고 이 말을 한 것은 아니다. 리츠 호텔은 당대 유럽 최고의 호텔로 여러 왕족과 귀족도 두루 이용했지만, 리츠 호텔의 핵심은 그곳에 가면 누구나 왕처럼 대접받을 수 있다는 점이었다. 세자르 리츠는 대접받고자 하는 손님의 욕구를 정확히 파악하고 모든 손님이 귀족 의전에 필적하는 서비스를 받을 수 있게 매뉴얼을 확립했다.

당시 유럽은 신분제가 해체되어 가는 분위기였으며 귀족은 서서히 특권을 잃고 있었고 신흥 자본가나 전문직, 상인 등 평민들의 신분 상승 욕구가 커지는 상황이었다. 세자르 리츠는 특권을 유지하고자 하는 귀족층의 욕구와 귀족이 되고자 하는 신흥 상류층의 욕구를 동시에 절묘하게 파고든 것이다. 그 결과 리츠 호텔은 유럽의 왕족과 귀족들에게만 사랑받는 호텔이 아니라 전 유럽에 명성을 떨치는 호텔이 되었고, 이후 전 세계에 걸친 최고급 호텔 그룹 리츠칼튼의 모태가 되었다.

'손님이 왕'이라는 말은 고도의 자본주의 체제를 거치면서 변질과 변화를 거듭했다. 이 말은 서비스 제공자에게 고객을 대하는 자세, 이를테면 친절 같은 것을 강조한 것이지, 고객의 갑질을 정당화하는 수단이라고 할 수 없다. 하지만 그 모든 추태와 진상과 갑질이 비용 지불자의 지갑에서 나온다. 그런 과정에서 '돈이면 뭐든 용서된다'라는 인식이 당연시되고, 서비스 공급자의 가슴에는 큰 상처를 남기게 된다.

장마와 폭염이 교대로 찾아온 어느 주말, 고객의 호출에 황급히 달려간 곳은 상가의 지하 주차장이었다. 독일산 외제 차의 주인인 그는, 내가 도착했을 때 이미 조수석에 앉아 신발과 양말을 모두 벗고 차량의 대시보드 위에 두 다리를 올려놓은 채 누군가와 한참 통화를 하고 있었다. 차의 문을 열고 들어선 순간 시각보다 후각이 더 빠르게 반응했다. 날씨와 뒤섞인 퀴퀴한 냄새는 차량 내부를 완전히 장악하고 있었다.

운행을 시작했지만 차마 '창문을 열어도 될까요?'라는 말이 쉽게 나오지 않았다. 고객의 통화가 계속되는 동안 내가 제어하지 못하는 생리적인 반응, 재채기가 연거푸 쏟아졌다. 순간 고객은 통화를 중단하며 '입을 막고 (재채기)하라'는 반응을 내놓으며 짜증을 내기 시작했다. 자신이 지불하는 대리 비용에는 제대로 된 서비스를 받는 의미도 포함되어있다는 말로 그의 발언이 시작되었다. 한동안 고객의 '손님은 왕이다'라는 연설을 들어야 했다. 내가 갑작스럽게 재채기를 한 건, 차 내부에서 진동하는 그의 고린내 때문이라는 것을 그는 인식하지 못하는 듯했다.

운행을 종료하고 그 고객은 나를 차단했는데, 그 사유가 대리기사의 위생관리 부족이었다. 이런 걸 보고 적반하장이라고 했던가. 물론 사전에 마스크를 제대로 챙기지 못한 나의 불찰도 있었다. 그러나 나의 재채기는 차량 내부의 냄새와 그의 벗은 신발과 양말에서 비롯된 악취라는 사실을 고객은 모르는 척했다. 게다가 목적지에 도착할 때까지 그는 이쑤시개로 치아의 곳곳을 찔러대며 쩝쩝 소리를 반복했다. 독일산 고가의 외제 차가 차주의 품격과는 전혀 무관하다는 '진실'이 드러나는 순간이었다. 앱에서 고객이 대리기사를 차단하는 기능은 있어도 대리기사가 고객을 차단할 기능은 없다는 사실을 알게 해준 사건이기도 했다.

　이런 일도 있었다. 오전 2시가 조금 넘은 시간, 안양의 어느 번화가에서 조금 벗어난 곳에 도착했다. 식당과 상가들마다 불이 꺼져있는 것으로 봤을 때 그곳에서 콜을 잡기는 쉽지 않을 듯했다. 주변의 대리기사도 채 10명이 되지 않았다. 그때 부천으로 가는 콜이 울렸다. 수락을 누르려는 순간 이미 다른 대리기사가 잡은 듯했다. 배정 완료된 콜이라는 메시지가 내 아쉬운 한숨을 끌어냈다.
　그런데 잠시 후 같은 장소에서 목적지가 동일한 콜이 또다시 울렸다. 이번에도 나의 순발력이 다른 대리기사보다 늦음을 한탄해야만 했다. 안양의 번화가로 이동하는 방법을 찾고 있을 때, 조금 전 그 콜이 다시 울렸다. 그리고 나서는 이내 사라지기를 반복했다. 같은 사람이 반복적으로 울리는 것이, 혹시 카카오 대리 앱이 오작동하는 게 아닐까 하는 의심이 들기도 했다. 무언가 오기가 발동한 나는 기어이 그 콜을 잡고야 말았다. 그리고 다시 취소될 줄 알았으나, 나는 그 콜의 최종 승자가 되어 고객이 있는 출발지에 도착했다.
　아침부터 아내와 크게 부부싸움을 했던 고객이 집에 가기를 망설이며 대리운전 요청과 취소를 반복했다고 웃으며 실토했다. 그는 카카오를 통해 대리기사를 불렀다가 취소하는 실험을 해보고 싶었다는 것이다. 다섯 번을 취소하는 동안 시간은 얼마나 걸릴지, 자신은 혹시 대리 요청에 차단되지는 않는지, 귀가하기 싫은 사춘기 어른에게 술기운이 가져다준 황당한 장난이었다. 대리기사에게 30분이라는 시간이 얼마나 소중한지를 그는 알지 못했다. 그저 고객은 항상 옳다는 무지의 신념과 알코올성 장난기가 결합하여 우물 속을 헤엄치는 개구리에게 향한 돌멩이의 횡포였던 것이다.

그의 이런 행위로 이미 그 지역 반경 1.5킬로미터 공간에 대리운전 수요지도가 '고객의 대리운전 요청이 많다'는 의미로 빨갛게 물들었다. 대리운전 수요지도에 '취소'는 반영하지 않고 대리 요청만 반영하게 되니 순식간에 다섯 콜이 생겨나면서 이런 일이 생긴 것이다. 그로 인해 어떤 대리기사는 다른 콜을 놓쳤을 것이며 다른 대리기사는 빨갛게 물든 수요지도를 보며 그곳으로 달려왔을 것이다.

이런 식의 반복된 취소에도 불구하고 고객에게는 어떠한 제재나 불이익도 가해지지 않는다. 한 명의 고객이라도 놓치고 싶지 않은 마음이라는 것에 이해는 하지만, 그렇다고 동의하고 싶지는 않다. 고객이 취소하는 경우는 이외에도 여러 가지가 있다. 막상 대리기사를 부르고 난 후 술 한잔이 더 생각나는 경우도 있을 것이고, 헤어짐이 아쉬워 더 많은 대화를 위해 대리 콜을 취소하는 경우도 있을 것이다.

하지만 이런 경우는 어떻게 봐야 하나. 대리기사를 두세 군데에 요청한다. 그리고는 가장 먼저 도착하는 대리기사에게 운행을 맡긴다. 그렇게 되면 그 후 두 번째, 세 번째 도착하는 대리기사는 소중한 시간을 날려버리게 된다. 다른 대리 콜을 잡을 수도 있었는데, 고객의 이기적인 욕심으로 시간과 돈이 함께 사라지는 것이다.

대리기사에게 '시간은 돈이다'라는 격언은 단지 시간의 소중함을 말하는 상징성에 그치지 않는다. 말 그대로 시간 그 자체가 돈이라는 자본주의적 진실을 고객들도 인식해야 한다. 그리고 플랫폼 운영사는 고객의 반복적인 취소 콜에 대해서도 취소 수수료 등을 물게 하여 반드시 제재를 가해야 한다. 그래야 이중으로 대리기사를 부르는 폐단을 막을 수 있다.

그런데 만일 대리기사가 콜을 취소하면 어떻게 될까. 대리기사는 하루 2회의 콜을 취소하면 앱 이용을 막아버리는 것으로 30분간의 페널티가 발생한다. 30분 동안 밥줄을 끊어버리는 것이다. 하지만 30분 후 앱을 다시 이용한다고 해도 그날은 더 이상 콜을 기대하기 어렵다. 콜을 부여하지 않는 방식으로 대리기사의 콜 취소에 보복하기 때문이다. 그런 식으로 대리기사에게는 한없이 불이익이 가해진다.

그런데 대리기사는 왜 콜을 취소하는 것일까. 고객이 대리운전을 요청하면, 대리기사는 출발지, 목적지, 경유지, 고객과 대리기사의 거리, 운행 시간, 운행 비용을 한눈에 확인하고 콜 수락 여부를 결정해야 한다. 그런데 이걸 천천히 보고 있으면 이미 다른 기사가 수락 버튼을 눌러 가져가게 된다. 그러니 1초 이내, 특히 대리기사가 운집해 있는 지역의 경우에는 0.5초 이내에 이 모든 것을 확인하고 수락 여부를 결정해야 한다. 그래서 보통 대리기사들은 운임 비용 정도만 확인하고 수락 버튼을 누른다. 그러니 막상 수락하고 나면 목적지가 너무 오지이거나 출발지 고객과의 거리가 너무 멀어서 취소하게 되는 상황이 발생할 수밖에 없다. 그런데 이러한 이유로 하루 2회 이상 취소하면 그날의 일당을 앗아가 버리는 것은 매우 부당한 처사가 아닐 수 없다.

  손님은 손님일 뿐 왕이 아니다. 봉건왕조 시대가 사라져 가는 시절에 평민들도 좋은 대우를 받을 수 있다는 작은 취지에서 출발한 이 격언은 어느새 고객의 갑질과 진상을 합리화시키는 말로 변질되었다. 더욱이 서비스를 제공하는 이들은 고객의 눈높이를 맞추지 못했다는 이유로 온갖 손해를 감수해야 한다. 그러나 고객도 대리기사도 모두가 동등하다. 비용을 지불하고 서비스를 이용한다는 것이 소비자의 갑질을 용인하는 것은 아니기 때문이다.

주 100시간 일하는 사람들

  2024년 9월, 중국의 '배달왕'이라고 불리던 위안모 씨가 사망했다는 기사가 났다. 그는 50대 중반으로 하루 16시간씩, 일 평균 500위안 (한화 약 10만 원) 정도의 소득을 올린다고 하여 배달왕이라고 불렸다. 중국과 우리나라의 소득격차를 고려한다면 하루에 우리 돈 50만 원 이상의 소득을 올리는 플랫폼 배달노동자였다. 그는 오전에 5시간, 오후에 5시간, 야간에 6시간씩 일하며 간간이 오토바이 위에서 쪽잠을 자다가 돌연사하고 말았다. 이 사건이 남의 나라 이야기처럼 들리지 않는 이유는 우리나라 플랫폼 노동자의 실상도 사실 이와 크게 다르지 않기 때문이다.

  성진이는 신촌의 모 대학에서 공학계열 박사과정을 밟고 있는 대학원생이다. 그의 어릴 적 꿈은 대학 강단에 서는 것이었다. 그가 대학을 졸업할 무렵 아버지 사업이 부도가 나면서 인생 진로를 잠시 변경하기도 했다. 5년 정도 대기업에서 직장인 생활을 경험했지만, 기업에서 성공하는 삶보다 교수의 꿈을 이루기 위해 다시 학생 신분으로 돌아왔다. 낮에는 실험실에서 연구 자료를 정리하고 간간이 학생들을 가르치기도 하며 학과 조교로 활동한다. 그리고 틈날 때마다 야간 대리운전으로 학비를 보충한다. 박사과정을 밟고 있는 대학원생의 신분으로 정해진 휴일이 있을 리 없다. 물론 형식상 주말에는 쉰다. 그러나 교수의 호출은 주말에도 이어지기 때문에 휴일은 그저 형식에 지나지 않는다. 특히 산학연대 프로젝트를 수행해야 할 때면 며칠씩 집에 가는 것을 포기해야 한다.

그의 야간 대리운전은 주로 방학 시즌을 이용해 이루어진다. 학기 중에는 간혹 시간강사로 수입 일부를 충당하지만 방학 중에는 그럴 방법이 없다. 편의점 알바도 해봤지만, 교수의 갑작스러운 호출 때문에 정해진 시간에 일하는 노동은 되도록 피하고 있다. 성진이는 지금도 다음 학기 등록금 마련을 위해 요령껏 눈치껏 야간 대리운전을 한다. 그도 역시 주 100시간을 일해야 하는 노동자이기도 하다.

동철 형님은 고기구이 식당을 운영하고 있다. 중간 규모의 식당이라 종업원 3명과 배우자와 함께 식당을 경영한다. 코로나 시절 영업제한으로 위기가 찾아왔다. 함께 일하던 종업원 모두를 부득이 해고해야 했다. 다른 식당의 경우엔 배달을 병행했기 때문에 많이 어렵지 않았을 테지만 고기구이 식당은 성격상 배달이 쉽지 않았다. 몇 달 만에 끝날 것으로 생각했던 코로나 영업 제한 시기가 길어지면서 은행 대출과 개인 빚으로 근근이 운영하는 상황이 되었다.

마침 투잡을 찾고 있던 차에 손님으로 온 대리기사를 통해 대리운전 업계에 뛰어들었다. 마스크가 해제되고 코로나가 종료되면서 잠시 식당 경영에 전념하기도 했지만 그는 2025년 1월부터 다시 대리기사 일을 하고 있다. 또다시 경기가 어려워지자 부득이 선택한 일이었다. 밤 8시 무렵부터 대리기사 일을 하고 이른 아침에 일을 마치면 곧장 도매시장으로 달려간다. 고기와 각종 채소 등 식당 운영에 필요한 재료를 사서 식당에 풀어놓은 후 아침 8시가 되어야 휴식을 취한다. 아내가 오전 11시 무렵 식당 문을 열고 영업을 시작하면 그는 오후 3시에 출근해 식당 일을 돕는다. 그리고 다시 밤 8시부터 대리운전을 시작하는 무한반복의 투잡을 하고 있다. 그는 하루 16시간씩 주 7일을 일한다. 주 100시간이 우습다며 그는 씁쓸해한다.

"꽃집의 아가씨는 예뻐요"라고 시작하는 아주 오래된 노래가 있다. 이 노래는 〈꽃집 아가씨〉라는 제목으로 1967년에 발표되었다. 아마도 꽃집 아가씨를 향한 호의와 선망을 담으려 했을 것이다. 그렇기에 50년이 훌쩍 지난 지금까지도 이 노래를 흥얼거리는 어르신들을 볼 수 있다. "한번만~ 만나면은~ 한번만~ 만나면은~ 내 가슴~ 울렁울렁~ 거려요~"라는 노래를 들으며 꽃집을 운영하는 성호 형님의 아내는 꽃집 아가씨였다. 같은 동네에서 만나 향긋한 꽃에 취해 연애를 했고 이후 결혼하여 지금도 꽃집을 운영하고 있다. 경기가 좋을 땐 도매상에서 꽃과 화분을 들여와 팔고 배달도 한다. 새로 이사 오는 집엔 화분 선물도 이어진다. 결혼 후 처음에는 신도시 아파트 단지 앞에서 꽃집을 운영했다. 경기가 너무 좋아 식사조차 잊고 배달할 때도 있었다.

그러나 지금은 폐업한 꽃집이 부지기수다. 다행히도 그는 아직 폐업까지는 생각하지 않고 있다. 다만 꽃집은 아내에게 맡긴 채 대리운전에 몰두한다. 요즘은 화분배달이 예전 같지 않다. 새로 창업하는 사무실이나 식당도 뜸할뿐더러 가정집으로 보내는 꽃 배달은 아예 사라졌다. 불경기가 계속되면서 꽃으로 느끼는 낭만도 사라지고 있다. 졸업 시즌과 5월의 며칠, 그리고 성탄절 즈음만 바라보고 꽃집을 운영하는 위험을 감내할 수는 없기에 성호 형님은 오늘도 대리운전을 한다. 처음엔 부업이었던 대리운전이 이제는 주업이 되어간다며 힘든 노동을 이어간다. 그나마 이 일이라도 할 수 있음에 감사하다는 그의 말이 오히려 역설적이다.

정철이는 김포의 어느 한적한 도로에서 낚시 가게를 운영했다. 낚시가 취미였던 그는 틈틈이 장비를 연구하고 공부하며 주변 강태공들에게 자신만의 노하우를 전수하던 중 낚시 가게를 창업하고 말았다. 하지만 창업 후 얼마 가지 않아 코로나19 사태가 터졌고, 곧 끝날 것 같던 전염병은 쉽게 멈출 기미가 보이지 않았다. 시간제로 고용한 알바에게 급여라도 제대로 주기 위해 시작한 대리운전이 어느덧 7년째를 향하고 있다. 얼마 전에는 낚시 가게를 폐업했다. 가게를 처분하려고 내놓은 지 2년 만의 일이었다. 그곳엔 편의점이 들어와서 영업을 시작했다. 이제 대리운전이 전업이라는 생각에 목이 메기도 하고 가끔은 눈앞이 캄캄해지기도 한다. 점포 유지와 생계를 위해 그동안 받은 대출이 1억 원을 넘어가고 있다. 대리운전으로 생계를 유지하면서 빚을 갚고 나면 겨우 100만 원 남짓한 돈으로 가족이 생활해야 하는 고통이 짓누른다.

30대 중반의 준빈이는 한때 박근혜가 이끌던 새누리당의 당원이었다. 그는 평일 낮에 편의점 알바를 겸하고 있다. 한때 '나'만 열심히 일하면 된다는 신념도 있었고 대부분의 가난은 '없는 자의 게으름 때문'이라는 믿음을 갖고 있던 그였다. 박근혜 탄핵 이후 한때 정치로부터 멀어졌던 그는 최근 진보 정당에 입당원서를 내면서 다시 현실 정치에 관심을 갖기 시작했다. 정치가 세상을 바꿀 수 있다는 신념이 생겨난 계기는 최근의 경기 상황과 맞물려 있다. 다른 노동자에 비해 훨씬 힘든 하루 10여 시간의 야간 대리운전을 하고 있지만 자신의 삶이 나아질 기미가 보이지 않으면서 구조적인 문제에 관심을 갖기 시작한 것이다. 끝없이 곤두박질치는 경제 상황을 외면하는 정치권을 그대로 두고 볼 수는 없다는 것이 또한 그를 움직이게 만들었다. 탄핵 시국에서 그는 다시금 분노하며 매주 촛불집회에 참석했다.

내가 만난 투잡 하는 대리기사의 대부분은 하루 12시간 이상, 일주일에 100시간의 극한 노동에 시달린다. 그럼에도 불구하고 조금씩 상황이 나아질 것이라는 희망을 갖고 있다. 그러나 열심히 일할수록 더 극한 노동으로 이어지는 구조적인 문제를 피할 수가 없다. 대리운전 수요는 줄어도 가정에 필요한 생계소득은 일정하게 정해져 있으니 그걸 맞추기 위해 다수의 대리기사는 훨씬 더 많은 노동시간을 선택하며 스스로 자신의 몸을 갉아먹는다.

그런데 최근의 어려워진 경제 상황은 비단 대리기사만의 문제가 아니다. 우리 사회를 지탱하는 노동자가 무너지면 국가도 무너질 수밖에 없다. 정치가 노동자뿐만 아니라 일상 서민의 삶마저 위태롭게 만들어 버렸다.

유흥비와 대리비

　시간은 새벽 2시를 가리키고 있었다. 강남의 룸살롱 거리에서 호출이 울렸다. 출발지 근처에 도착했을 때 이미 고객은 술에 제법 취해 있었고, 차는 고급 외제 차였다. 쭉쭉 뻗은 강남의 대로는 정체가 풀려 한산했고, 고객의 목적지인 분당까지 막힘없이 달릴 수 있었다. 도착할 때까지 약 30분 동안 그는 계속 통화 중이었다. 통화내용을 일부러 들으려 했던 것은 아니지만 유난히 큰 목소리를 내뱉는 상황이라 들려오는 소리가 고막을 연신 두드렸다. 누군가와 통화하면서 자랑인 듯 하소연인 듯 소음은 반복되었다. 조금 전까지 수백만 원짜리 술을 마셨고, 업소의 여종업원이 자신에게 어떤 서비스를 해줬는지 19금에 해당되는 얘기가 흘러나오기도 했고, 사업은 대충 그저 그렇고, 몇 주 후 고위공직자와 골프 약속이 있다는 등의 내용이었다.

　그리고 고객의 목적지에 도착할 무렵 통화를 마치고 나서는 이내 대리요금이 평소보다 5천 원 정도 비싸게 나왔다며 투덜거리기 시작했다. 별다른 대꾸를 하지 않자 고객은 나에게 항의를 계속했다. 뭔가 대응을 해야 할 것 같아, 고객의 앱에서 카드로 결제되는 비용은 3만 원이고 나에게 들어오는 보수는 수수료 20%를 제한 2만4천 원이라고 말해주었다. 그리고 대리기사는 요금을 결정할 권한이 없다고 정중히 답할 뿐 내가 더 이상 할 수 있는 방법은 없었다. 그는 유흥업소에서 흥청거리며 뿌려 댄 몇백만 원보다 대리운전 비용 5천 원이 억울했던 모양이다.

룸살롱 비용과 대리운전 비용은 엄연히 서로 다른 사회적 비용 구조를 가지고 있다. 사회 통념상 룸살롱의 적정비용과 대리운전의 적정비용이 따로 있고, 그 비용의 합리성에 따라 자연스럽게 감정적 반응이 일어날 수 있다.

그 고객의 경우도 그랬을 것이다. 말하자면 같은 돈이라도 룸살롱 여종업원에게 지불하는 비용과 대리기사에게 지불하는 비용이 서로 다르다. 룸살롱에서는 몇백만 원의 술값을 당연한 비용으로 생각한다. 그러나 대리기사에게 평소보다 5천 원을 더 지불해야 하는 상황에서 부당함을 느끼는 현실은 자본주의라서 가능한 일이다. 다만 하룻밤에 수백만 원을 유흥비로 결제하는 고급 외제 차의 주인이 5천 원 때문에 항의하는 것을 보며 묘한 감정이 복합적으로 올라왔다. 이해가 가지 않는 대목이었다. 5천 원이 더 나올 수밖에 없는 새벽 시간의 대리운전 비용에 고객은 관심이 없었을 것이다. 술에 취한 그가 가졌던 5천 원어치의 부당함만큼은 이해하기로 했다.

　송도에서 용인 신도시로 간다던 고객도 비슷한 경우였다. 앱에서 확인한 대리비에는 현금 4만2천 원이 찍혀 있었다. 부리나케 고객이 있는 곳으로 달려갔다. 그 고객 역시 유흥업소에서 신나게 놀고 귀가하던 중이었다. 속이 거북한 듯 늦가을의 찬바람에도 불구하고 운행하는 내내 고객은 창문을 열고 가길 원했다. 목적지를 500미터쯤 남겨두고 고객은 구토가 쏠리는 듯 차를 세워달라고 요구했다. 좌회전 신호를 기다리고 있던 터라 난감했지만, 조심스럽게 직진 차선으로 바꾸고 차를 세웠다. 고객의 위장 속 불순물을 제거하는 행위가 끝나고 다시 목적지로 가려면 유턴을 해야 했다.

　직진과 유턴으로 인해 2킬로미터 정도를 더 달렸다. 이 지점에서 고객이 문제를 제기했다. 애초 정해진 노선보다 더 달렸으니 유류비가 더 들었을 거라며 2천 원을 깎아 달라고 생떼를 쓰기 시작한 것이다. 게다가 내가 고객의 차량에서 핸드폰을 충전한 비용까지 포함해서 2천 원을 깎아 달라고 했다. 대리운전 2년 동안 그런 경우는 처음이었다. 결국 나는 취객과 더 이상 말싸움하고 싶지 않아서 요구를 들어주고 말았다. 고객과 실랑이할 시간에 다른 콜을 잡고 빨리 그곳을 뜨는 게 더 이득이었기 때문이다.

　심지어 어떤 고객은 자신의 차에 자신이 피자 한 판 같은 구역질로 '그림'을 만들어 놓고는 5천 원을 세차비로 요구한 사례도 있다는 이야기를 동료 대리기사에게 전해 들은 바 있다. 고속도로를 달리는 중 구토가 쏠려 차를 세워달라면 그게 쉬운 일도 아니고 상황에 따라서는 가능한 일이 아님에도 고객들은 가끔 그런 철면피 같은 요구를 하기도 한다.

돈에도 스토리가 있다. 어떻게 벌든 어떻게 쓰든 같은 돈도 '어떤 직업' '어떤 장소' '어떤 일'이냐의 기준에 따라 그 무게와 개념이 크게 달라지기도 한다. 예를 들어 룸살롱에서 가져온 3만 원과 대리운전에서 가져온 3만 원을 저울 양쪽에 올리면 한쪽은 깃털이 되고 다른 한쪽은 돌덩이가 될 것이다. 단지 몸을 쓰는 의미가 아니라 사회적 합의와 우리 사회가 정해놓은 일종의 규칙 같은 것에 따라서 타인에게 피해를 주지 않고 자신이 흘린 땀으로 얼마나 정직하고 진실하게 임했는지가 그 돈에 새겨지는 의미여야 한다. 그렇게 만들어진 돈을 쓰는 방식과 태도 역시 어떤 룰이 작동하는 것일 테다. 쉽게 돈을 벌면 쉽게 돈을 쓰고, 어렵게 돈을 벌면 함부로 쓰지 않는다. 가볍게 돈을 벌면 생각이 가벼워지고 무겁게 돈을 벌면 진중하고 깊어진다. 돈은 일상뿐 아니라 그 주인의 생각마저 지배할 수 있기 때문이다.

돈이 일상을 지배하는 사회에서 사람들은 당연하게도 부자 되기를 꿈꾸고 있다. 부자들이 가진 돈의 서사가 사회를 잠식하고 통념을 지배하고 시대의 상식이 된다. 우리나라의 경제는 자본주의의 강고한 틀 안에 포획되어 있고 우리 사회의 부자들은 강남 또는 그 인근에 산다. 많은 사람들이 부자가 되기를 소망하지만, 지금 우리 사회는 돈 많은 조상을 두었거나 현실의 부모가 부자가 아니라면 애석하게도 가난한 자가 향후 부자의 삶을 살기란 매우 어렵다. 가난하게 태어난 사람은 가난한 자의 운명을 살 수밖에 없지만 부자인 자는 더 큰 부자로의 무한한 욕망을 펼칠 수 있는 구조이기 때문이다.

자본주의가 고도로 발달한 우리나라의 신자유주의는 돈이 돈을 벌고 투기용 부동산은 비슷한 목적의 부동산을 낳는다. 언젠가부터 대한민국의 중심은 강남이 되었고, 지금도 강남이며, 앞으로도 강남이 될 수밖에 없다. 이렇게 대한민국 사회의 구조적 문제를 외면한 채 능력주의를 맹신하는 사회는 차별과 격차를 당연시하게 된다. 그 '능력'이라는 것에는 개인이 가진 노동 능력 이외의 것, 이를테면 부와 학벌 같은 것도 포함되어 있다. 세습이 능력 또는 당연한 권리로 받아들여지는 현실이다

언론은 이 사회의 '구조적 문제'라는 골치 아픈 주제를 다루고 싶어 하지 않는다. 대중의 관심 밖 영역이기 때문이다. 그 자리를 대신해, 요동치는 부동산 가격과 주택담보대출 금리의 변동과 코인 현황이 헤드라인을 장식하고 클릭 수를 끌어 올린다. 이쪽이든 저쪽이든 어느 정부도 자신과 그 가족 친지들이 모여 사는 강남을 이기지 못한다. 누구든 제 손을 직접 부러뜨리거나 제 살을 파먹는 정책을 추진하는 것은 쉽지 않은 일이다. 지금 세상에 가장 많이 유통되는 돈

의 스토리텔링은 불로소득이며 건물주이고 주식 부자다. 가끔은 코인의 전설이 회자되기도 한다.

하루 열 시간 이상의 노동을 해야만 겨우 먹고살 수 있는 N잡러인 나는 내 아이들의 꿈이 꺾이지 않는 세상을 소망한다. 나 또한 불로소득에 대한 일말의 욕심도 없다는 거짓말을 하고 싶지는 않다. 다만 나는 구조적 문제에 천착했을 때 누군가에게 피해를 주는 일과 가능성 희박한 일에 시간과 물질을 투자하고 싶지 않을 뿐이다. 지금 내게 허락된 생존의 문제와 가족의 생계를 위한 유일한 일이 그저 묵묵히 땀 흘리는 노동뿐이며, 그래서 이 구조적 문제의 타파를 위해 시민운동을 병행하고 있다는 사실을 나는 담담히 받아들일 수밖에 없다. 그렇게 한 달 한 달 벌어들인 돈이 저울에 올려졌을 때 비록 가진 자의 눈에는 한낱 깃털처럼 가벼워 보일지라도 나의 무게감은 묵묵하게 가족을 향해 기울어지기 때문이다. 내 작은 시민활동으로 언젠가는 세상의 변혁에 일조할 것이라는 해묵은 신념도 함께하기 때문이다.

총을 든 예수

일반인들의 정치에 대한 시선은 특정 정치인 중심으로 편중되어 있다. 선거 때에도 늘 그래왔듯 정책이나 정당이 추구하는 가치와 방향은 크게 언급되지 않는다. 별 재미도 없고 관심도에서 밀리기 때문일 것이다. 언론이 만들어 놓은 프레임에 빠져있기 때문일 수도 있다. 그러다 보니 호불호 정치인을 통해 타인의 정치 성향을 판단하려는 경향이 있다. 예를 들면 이재명과 조국, 윤석열과 한동훈에 대한 이야기를 하면서 대한민국 정치계를 판단하고 개인의 정치 성향을 재단하려 든다.

하지만 보수 정당과 극우 정당이 정치판을 좌지우지하는 이 나라에서 진보 정당의 자리는 관심의 영역 밖으로 밀려난 지 오래고, 그래서 이분법적 흑백논리에 취해 파란색은 진보 정당으로, 붉은색은 보수 정당으로 통칭되고 있는 현실을 묵과할 수는 없다. 심지어 계엄령과 내란 사태를 겪으면서 한쪽은 헌법 질서를 지키고자 하는 보수 정당이고 다른 한쪽은 민주주의를 파괴하는 반체제 정당이라는 느낌이지만, 현실 정치에서는 내란을 일으킨 정당마저 무조건 보수 정당이라고 말한다. 노동자나 소상공인을 대하는 정책이나 법안에서 두 거대 정당은 결국 기업의 논리에 손을 들어주는 것으로 같은 결론을 내고, 진보 정당이 주장하는 노동자의 목소리는 대변되지 않는다.

대리운전을 하다 보니, 개인마다 정치적 성향이 다를 뿐만 아니라 잘못 꺼내면 괜한 입씨름으로 벌질 우려가 있어 운행하는 동안 가급적 정치 이야기를 자제하곤 한다. 고객들 역시 대한민국의 정치 상황에 대한 언급을 꺼린다. 답도 없는 이야기를 먼저 꺼낼 필요가 없기 때문이다.

하지만 처음 대리기사를 시작했던 2년 전에 비해 내란 사태를 경험한 이후에는 정치 이야기를 건네는 고객이 훨씬 늘었다. 어쩌면 내란 사태 자체가 상식의 영역에서 생각할 부분이기에 오히려 정상적인 이야기를 하는 고객들이 늘었다고 생각해야 한다. 특히, 윤석열 정부에 대해 부정적인 언급을 하는 고객이 압도적으로 많아졌는데, 고객이 먼저 정치 관련 이야기를 할 때는 신기하게도 대리기사가 자신과 같은 편 또는 같은 정치적 성향을 가졌을 것이라고 전제하고 이야기를 시작한다. 고객의 말에 맞장구를 치거나 답이 없으면 묵시적으로 동의한다고 생각하는 것이다.

하지만 나는 지금껏 어떤 고객의 정치 이야기에도 섣불리 동의하지 않는다. 내가 생각하는 세상과 다르게 가고 있는 안타까운 현실이 쉽사리 고객과 정치적인 이야기를 하지 못하게 만드는 이유이기도 하다. 나는 다분히 정치적이지만 특정 정파를 지지하는 것은 되도록 자제하는 입장을 취하곤 한다. 나에게 '어느 쪽'이냐는 질문을 하는 고객이 가끔 있다. 나는 파란색도 빨간색도 지지하지 않는다. 다만 나는 상식의 편에서 생각한다고 말한다. 다수의 국민은 언제나 상식적이기 때문에 나도 상식적인 사람이길 스스로 원하는 것뿐이다.

2024년 가을 즈음에 있었던 태극기 집회로 기억한다. 개신교계가 주관한 집회였고 동성애 반대를 이슈로 차별금지법을 거부하는 사람들이 집회에 참여했던 것이다. 그날은 일요일이라 대리운전을 쉬려고 하기도 했고 컨디션이 좋지 않은 상황이라 외출을 자제하고 있었다. 그런데 대리기사용 앱을 켜놓은 나의 실수로 인해 결국 그날도 대리운전을 하고야 말았다. 오후 다섯 시쯤 되었을 때, 을지로 방향으로 가는 대리콜이 요동치고 있었다. 아무도 잡지 않은 콜을 순간적으로 수락했고, 그렇게 부평의 집 근처에서 서울 도심으로 가는 콜을 운행했다.

   서울 시청 근처에 고객을 내려주고 천천히 걷고 있었다. 도로 상태가 시야에 들어왔다. 평상시 같지 않았다. 무언가 집회 뒤끝 같은 느낌이었다. 그때야 안 사실이지만 그날 개신교가 주관하는 한국 교회의 연합예배 같은 집회가 벌어진 것이다.

  7시가 조금 넘었을 무렵 광화문 인근에서 시흥으로 가는 콜이 잡혔다. 고객은 집회 참석 후 동료들과 함께 식사에 반주를 곁들이고 대리기사를 부른 것이다. '예수천국 불신지옥'이라는 피켓을 갖고 있었다. 동료 기독교인 친구와 함께 집회에 참석했지만 극우 성향의 태극기 부대인 것은 분명해 보였다. 그는 동성애 반대 이야기부터 꺼내기 시작해 '때려잡자 김정은'을 거쳐 결국 '미국 만세'로 이어지는 수구적 발언을 계속 이어갔다. 일본을 향한 칭송도 잊지 않았다. 불편한 이야기였지만 제지하지 않고 계속 듣고 있으니 내가 그와 같은 생각을 한다고 여긴 모양이다. 고객과 실랑이를 벌일 마음이 없었기에 그저 조용히 입을 닫고 있을 뿐이라는 사실을 고객은 인지하지 못했다.

  그날 집회는 종교예배를 빙자한 정치집회였다. 고객의 이야기를 통해 내 느낌으로 확인할 수 있었던 것은 혐오와 권력 지향적인 대한민국 교회의 민낯을 여실히 보여준 부끄러운 행사라는 것이며, 종교를 앞세워 뉴라이트 기반을 다지려는 의도로밖에 보이지 않는, 정치의 도구가 되면 결국 종교는 몰락하게 된다는 교훈을 남긴 집회라는 것이다. 연합예배를 빙자한 이 날 집회의 또 다른 의미는 정상적인 사고체계를 하는 사람 입장에서 보면 교회가 뉴라이트를 지지하고 반동성애를 주장하는 건데, 이건 나치즘이나 파시즘과 다를 바 없는 것으로 느껴지기도 한다.

과거 코로나 국면에서 예배 등의 종교행사 금지에 마치 기독교 탄압이라는 논리를 들이대며 정부에 반기를 든 일이 있었다. 이후 교회가 어려워진 이유와 책임이 이른바 '좌파들의 준동'에 있다는 식으로 외부로 시선을 돌리기도 했다. 한국 교회가 썩어가고 있는 현실에서 전광훈 부류의 반체제 세력이 마치 진정한 기독교인처럼 행세하는 것에 국민들의 눈총은 따갑기만 하다. 그런 걸 느끼지 못하니 더욱 한심해 보이는 것이다. 개신교의 내적 성찰이 필요한 때에 내적 성찰을 할 수 있는 능력이 안 되니 자꾸 외부에서 적을 찾거나 만들고 있는 형국이다. 교회가 세상을 걱정하는 것이 아니라 세상이 교회를 걱정하는 꼴이다.

성도들이 계속 줄고 있는 대형 교회들도 위기의식을 느끼기에 이런 집회를 여는 듯한데, 이건 연합예배라기보다는 일반 대중들도 외면하는 무식한 종교 행위일 뿐이다. 더욱이 성도들을 현혹하고 인원을 동원하여 광장에서 집회를 여는 것은 결국 자신들의 힘과 세력을 과시하려는 것이라 더욱 씁쓸하다. 교회가 세력 과시할 시간이 있으면 더 낮은 곳에서 약자들을 살피는 것이 정상일 것이다. 만일 예수가 총을 들고 투쟁에 참여했다면 그는 과연, 누구를 향해 방아쇠를 당겼을까.

과거, 박근혜 탄핵 국면에서 몇 차례 촛불집회에 참석한 경험이 있다. 그 이전엔 광우병 소고기 파동으로 모두 분노했을 때도 역시 촛불을 들었다. 이후에도 간간이 촛불집회에 참여하곤 했다. 사실 촛불집회의 사전적 의미는 '다수의 사람이 주로 야간에 광장 등의 옥외에서 어떠한 사안에 대하여 항의나 추모의 목적으로 모여 촛불을 들고 비폭력 평화시위의 방식으로 진행하는 집회'를 가리킨다. 노무현 대통령 탄핵 반대 집회 당시에도 촛불을 들었고, 미군 장갑차에 사망한 효순·미선 양 추모 집회에도 촛불을 들었다. 그렇게 촛불은 항의와 분노의 마음을 담고 있다.

어둠을 밝히자는 의미로 촛불을 들었지만 요즘엔 야간 집회만을 의미하는 것은 아니다. 이태원 참사의 추모 현장에도 촛불 시민들이 함께했고, 김건희 특검법을 외치는 집회 현장에도 촛불이 빛난다. 요즘엔 촛불이 물리적인 형태가 아니고 스마트폰 촛불이 유행하기도 하며, 촛불 모양의 전구가 시절을 거쳐 응원봉이 집회의 분위기를 만들곤 한다. 아무려면 어떠한가. 분노의 마음을 표출하고 전달하는 것이 시민의 의견이라는 사실을 알리는 게 중요할 뿐이다.

가끔 참여하는 촛불집회는 언제나 행진으로 종료된다. 행진까지는 못하더라도 집회에 머릿수 하나 채우는 마음으로 참석하곤 하는데, 언젠가 토요일엔 동탄에서 올라온 시민의 귀갓길에 함께한 적이 있다. 그는 촛불집회에서 열심히 구호를 외치고 행진까지 마무리하며 집으로 돌아가는 고객이었다. 그는 건설노동자였다. 노동자 집회 후 정권 퇴진 집회까지 참여하고 간다며 내심 뿌듯해했다. 체력적으로 쉽지 않음에도 불구하고 그는 노동자 집회나 촛불집회에 자주 참여한다고 말했다. 나 또한 격려와 응원의 마음을 보냈다. 그날 나도 촛불집회에 함께했기 때문이다. 무도한 정권에 맞서는 것은 결국 연대와 투쟁이라며 그는 함께 만들어가는 세상을 강조하기도 했다.

지치고 피곤한 몸을 이끌고 집회에 참여한다는 일이 결코 쉽지 않은 일이지만 나라를 지키고 구하는 일은 예나 지금이나 평범한 백성들과 민중들의 몫이었다. 썩은 관료와 기득권들이 나라를 죄다 말아먹고 볶아먹고 팔아먹을 때, 무너진 나라를 다시 일으켜 세우려 했던 이들과 빼앗긴 나라를 되찾으려 했던 이들은 평범한 민초들이었다는 사실을 기억해야 한다.

계급사회

　대한민국은 계급사회다. 모든 국민은 법 앞에 평등하다고 헌법은 말한다. 사회적 특수계급제도 또한 인정되지 않는다고 명시되어 있다. 그러나 나는 이 말을 믿지 않는다. 대한민국의 도시와 지역은 계급이 정해져 있다. 부동산도 계급이 있고 직업에도 계급이 존재한다. 슬프지만 인정할 수밖에 없는 현실이다.

　"이런 일 하면 얼마나 벌어요?"

　가끔 대리기사를 부른 고객들이 생각 없이 던지는 질문이다. 묻는 사람은 '소득'을 묻는 것이겠지만 대리기사 입장에서는 '직업'에 느낌표가 찍힌다. "이런 일"이라고 표현하며 이 직업을 하찮게 여기는 듯한 질문에 마음은 심란하다. 우리 사회에서 대리기사라는 직업을 바라보는 사람들의 시선이 이 질문 안에 들어있다. 예를 들어 우리는 생전 처음 보는 직장인에게 대뜸 연봉을 묻지 않는다. 무례한 질문이기 때문이다. 상식의 문제다. 그들이 함부로 질문하는 '얼마나'는 그 사람의 가장 민감한 정보다. 그런데 그걸 대리기사에게 묻는다. 남녀노소가 따로 없다. 생전 처음 본 사람이 대뜸 얼마나 버냐고 묻는 세상이다.

1960년대 인기 직업 1위는 택시 기사였다. 운전기사는 원래 전문직이었다. 우리나라에서 '사'자 직업은 원래 전문직을 상징한다. 서양에서 신문물과 새로운 직업이 수입되고 유입되면서 의사, 약사, 판사, 검사 등의 직업에 '사'자를 썼다. 당시에도 운전은 고급 기술직의 영역이었다. 차량도, 운전면허증 소지자도 많지 않던 시절이다. 당연히 택시 기사는 고소득 직종이었으며 남자의 선호 직업 1순위이면서 여성의 신랑감 1순위 직업이었다. 대리기사라는 직업이 당시에도 존재했다면 당연히 선호 직업 1순위였을 것이다. 그런 운전기사가 지금은 '이런 일'이라는 직업으로 전락했다.

대리기사가 운전면허증만 있으면 아무나 할 수 있는 문턱 없는 직업이긴 해도 사람이 하는 일이다. 그런데 직업에 귀천이 없다는 말은 다양한 직업을 고려한 '교과서의 용어'이거나 '세련된 말장난'으로 변질된 지 오래다. 직업에 귀천이 없다는 말의 근원은 사람을 향한다. 사람이 하는 일에 귀천이 없다는 말이다. 일반적으로 그렇다는 이야기다.

사회에서 직업에 귀천이 있고 없고는 교과서적이냐 현실적이냐에 따라 답변이 극명하게 갈린다. 교과서적인 답변을 원한다면 직업에 귀천은 없는 것이고 우리가 살아가는 현실을 말한다면 뚜렷하게 존재한다는 뜻이다. 그러니 "이런 일"이라는 말이 자연스럽게 나올 수 있는 것이다. 사실 그렇게 질문하는 고객층이 따로 있지 않다. 남녀노소와 무관하다. 말투를 들어보면 악의가 느껴지지도 않는다.

생각 없이 무의식에서 나오는 "이런 일"이라는 말은 우리 사회 시민들의 의식 수준을 있는 그대로 보여준다. 예컨대 대리운전을 하면서 모시고 가는 손님들이 전화 통화를 할 때, 대리기사를 '없는 사람' 취급하는 사람과 존재로서 의식하는 유형이 있다. 굳이 따져보자면 '없는 사람' 취급하는 경우가 훨씬 많은데, 외부인이 듣기에 민망한 얘기들을 큰소리로 아무렇지 않게 지껄이기도 한다. 카페 같은 곳이라면 남이 들을세라 조용하게 나누었을 대화다. 그 말을 듣고 있는 것도 민망하고 괴로운데 말하는 사람들은 아랑곳하지 않는다. 그들에게 대리기사는 '없는 존재'와 같다. 불륜 상대와의 민망한 전화 통화도 대리기사 옆이라 당당하게 할 수 있는 것이다.

"대리 불러서 가고 있어."

그들의 이런 대화에 때론 모멸감마저 들기도 한다. '대리기사님이 운전해서 가고 있어'라는 표현이 아마 옆에 당사자가 있는 상황에서 예의를 갖춘 표현일 것이다. 그러나 대리기사는 그들에게 존중받는 직업이 아니라 그저 집으로 가는 길을 책임지는 일종의 수행비서일지도 모른다. 존재하되 의식되지 않는 유령 같은 존재라고 생각하고 있을 거다.

언젠가 분당에서 송도로 가는 콜을 잡은 적이 있다. 고객에게 전화를 걸어 목적지를 확인했다. 그런데 고객은 대뜸 '인천'이 아니라 '송도'에 간다고 짜증 섞인 말투로 반응한다. 성남은 한때 '실개천이 흐르고 서울의 판자촌에서 밀려난 사람들이 거주하던, 없는 자들의 도시'였다. 인천의 송도는 철저히 계획된 신도시로서 송도국제도시를 의미한다. 그렇게 성남과 분당이 다르니, 인천과 송도를 또한 구분해달라는 뜻이기도 하다.

이런 일은 비단 고객과 대리기사 사이에만 존재하는 대화는 아니다. 강남에 살던 사람이 강북으로 이사할 때, 서울에 살던 이가 수도권 중소도시로 옮길 때, 그들이 마치 패잔병이나 되는 것처럼 풀죽어 보이는 경우를 종종 목격한다. 송도에 사는 사람은 굳이 인천이 아니라 송도라고 강조하며, 분당에 사는 이는 성남에 산다는 표현을 좋아하지 않는다. 용인 대신 수지라고 불러줘야 하며, 수원이 아니라 영통에 산다고 굳이 수정을 요구하기도 한다. 지역이 계급화되어 있다는 의미다.

지역뿐만 아니라 거주 공간에도 계급은 존재한다. 최하층 계급의 거주지인 반지하 월세방 살던 이들이 탈출을 꿈꾸며 드디어 지상으로 올라가고, 월세방을 탈출하면 전세로 옮겨가기를 희망한다. 전세 중에서도 아파트 전세인지 주택 전세인지에 따라서 계급은 정해진다. 다음 목표는 내 집 마련이다. 수도권 중소도시에서 시작한 사람들이 서울 입성을 희망하는 이유는 바로 부동산 계급사회가 존재하기 때문이다.

한때 '이부망천'이라는 말이 회자된 바 있는데, 이는 서울에 살던 사람들이 '이혼하면 부천으로 가고 망하면 인천으로 간다'는 말이다. 당시 인천과 부천지역에 거주하던 이들의 분노를 자아낸 발언이기도 했다. 그런데 이 발언이 유명 정치인의 입을 통해 나온 말이었고 하필 선거 때 터져 나온 바람에 더 크게 기사화된 것이다. 부동산 투기의 문제를 해소해야 할 정치인이 오히려 부동산 계급사회를 더욱 부채질하는 발언을 해버린 셈이다.

차량에도 계급은 존재한다. 그런데 자동차 계급은 부동산이나 직업의 계급과는 조금 다른 느낌이다. 슈퍼카를 타는 이가 최상위 계급이라고 한다면 독일산 외제 차가 그 뒤를 따르고, 현대차 제네시스도 고급 차 반열에 놓여있다. 중형차, 소형차, 경차, 트럭 등 대리기사가 운전하는 차량의 종류는 매우 다양하다.

어느 여름날 청담동에서 홍대 방향으로 가는 대리운전을 한 적이 있다. 고객은 한눈에 보기에도 조폭 두목 같은 느낌이었다. 온몸에

도화지인 양 문신이 가득했고, 주변의 몇몇 건장한 청년들이 고개 숙여 귀가 인사를 하기도 했다. 여기서부터 위축되기 시작했다. 게다가 차량은 난생처음 운전해보는 람보르기니였다. 일단 두려움이 앞섰다. 무시무시한 고객 앞에서 주눅이 든 것이 문제가 아니었다. 고급 슈퍼카를 운행하다 사고라도 나면 아찔한 상황이 펼쳐질 게 당연하기 때문이었다. 피로가 온몸으로 확산되는 새벽 시간이었지만 운행하는 20여 분 동안 그렇게 집중력을 발휘해서 운전해 본 게 참으로 오랜만이기도 했다. 다행히도 고객은 매우 점잖았고, 나에게 꽤 예의를 갖춰서 대했다. 물론 사고 없이 고객의 집인 다세대 주택 앞에 차를 주차했다.

  안도의 한숨을 내쉬는 순간 고객이 집에 가서 대리 비용을 가져온다며 눈앞에서 사라졌다. 기다리는 동안 반지하에 불이 켜지며 고객의 그림자로 느껴지는 실루엣이 보였다. 고급 슈퍼카의 주인이 반지하에 거주하는 상황을 목격한 것이다. 성형수술로 외모를 바꾸듯 고급 슈퍼카로 신분을 세탁하고 싶은 욕망의 번득임 같은 것이리라.

  대리기사를 시작한 지 며칠 후였다. 한때는 번화가였으나 지금은 초라한 불빛으로 취객들을 유혹하는 몇 개의 술집과 이빨 빠진 조명의 노래방이 옛날을 그리워하는 동네였다. 그곳에서 내가 운전할 차량은 그랜저였고 고객은 60대의 중년이었다.

  난 그날 난생 경험해보지 못한 진상 고객을 만났다. 그의 차는 20

년 전 유행하던 차량이다. 주행거리만 50만 킬로미터가 넘었다. 그 흔한 내비게이션조차 장착되어 있지 않았다. 당연히 거치대도 없이 한 손으로 운전하고 한 손으로 지도를 확인하며 아슬아슬하게 운전했다. 한때는 시대를 풍미했던 지역과 자동차와 차주가 이제는 세월의 뒤편으로 사라져가는 모습을 보는 듯했다. 그의 갑질은 전성기를 벗어나 스러져가고 있는 모든 것들의 마지막 모습일지도 모른다. 가끔은 사라져가는 것들의 안부가 궁금하다는 생각을 했다.

고객은 위치를 묻는 통화에서 이미 반말을 시작했고, 운행하는 내내 '운전을 잘하네 못하네'를 반복하는 술주정이 이어졌다. 그랜저는 한때 고급차의 대명사였고 차량 계급의 최상위를 차지한 적도 있었다. 그 갑질 사내도 그러했을 것이다. 부둥켜안고 싶은 젊음과 전성기 시절을 회상하며 이제는 늙어버려 쓸모없는 차량과 자신을 생각하고 한없이 처량한 갑질을 퍼부은 것이었을 테다. 정상의 계급에서 내려온 이들의 서글픔 정도로 이해하기로 했다.

어떤 경차 소유자는 차가 작고 비좁아서 미안하다고 사과하기도 하고, 어떤 트럭 소유자는 생계용 차량을 운전하게 해서 미안하다고 말하기도 한다. 사실 그런 것은 대리기사에게 사과할 일도, 미안해할 일도 아니다. 누군가는 자동차를 명품 정도로 생각하며 자신을 치장하는 용도로 사용하고, 누군가는 자동차의 가격과 자신의 품격을 동일시하기도 한다. 고도화된 자본주의 계급사회이기 때문에 가능한 일이다. 20대 초반의 젊은이가 운전하는 슈퍼카에는 부모의 재력이 묻어있고, 트럭으로 하루살이 생계를 이어가는 노인의 주름살에는 계급사회의 안쓰러움이 묻어있다.

  한국 사회에서 몸을 써야만 하는 거의 모든 직업과 함께 대리기사는 과거로부터 존중받지 못한 계급이다. 변방에 거주하는 이들과 월세방에 거주하는 이들 또한 계급사회의 하층민으로서 존재한다. 개인에 대한 배려와 존중이 빠진 자리는 자연스럽게 차별과 편견이 지배한다. 계급으로서 존중받지 못하면 자존감이 낮아지고 자존심은 높아진다. 계급사회가 낳은 차별적인 언어와 편견 어린 시선에 멍들어가는 대한민국이다.

다단계 대리운전 회사

 거칠고 험한 더위에 에어컨을 켜야 했던 추석이었다. 예전의 추석엔 보일러를 켜야 했지만, 폭염주의보가 내려지면서 여름의 꼬리표를 떼지 못한 가을이기도 했다. 심지어 가을 열대야라는 희한한 기후가 추석 시즌에 펼쳐졌다. 모기들이 왱왱거리고 태풍이 온다는 예보도 있었으며 날씨가 상식의 뒤통수를 치는 날이 계속되었다.

 내가 그들을 만난 것은 그런 추석이 며칠 지난 후였다. 가뜩이나 불경기에 추석마저 지났으니 모두의 주머니는 텅 빈 은행 잔고만큼이나 쓸쓸했다. 자정이 갓 지난 시간, 화성에서도 한참 변방인 곳에서 벗어날 궁리를 하던 차에 두 사람이 눈에 들어왔다. 건장한 몸을 지닌 30대 중반의 청년이었다.
 형인은 축구선수 출신이었다. 인천에서 축구 명문고를 졸업했고 곧바로 프로축구에 도전했다. 간신히 3부 리그 팀에서 뛰며 더 높은 도약을 희망했지만 실패했다. 5년간 프로리그에서 활약했으나 팀에서 재계약을 포기하며 방출되었고, 선수 생활 연장에 미련을 버리고 대리운전 업계에 뛰어들었다. 사실 그의 체격은 축구선수치고는 왜소했다. 키가 170센티미터를 겨우 넘는 수준이었다. 이런저런 이유로 그는 선수 생활을 접은 것이다. 물론 165센티미터의 역대 최고의 선수이며 아르헨티나 국가대표인 리오넬 메시는 "축구는 키로 하는 것이 아니다"라는 명언을 남기기도 했지만, 그건 메시 같은 천재 선수에게 해당되는 말이다. 190센티미터가 넘는 선수들이 즐비한 축구계에서 형인의 키는 왜소할 정도였다. 밀고 부딪히는 축구 경기에서 몸싸움에 번번이 밀리는 선수를 구단과 감독은 더 이상 기용하기 어려웠다. 전방에서 군 생활을 한 후 프로팀에 재진입하고자 했지만 실패했고, 하부리그 팀에 들어가는 대신에 제2의 인생을 살기로 했다. 그는 건설 현장 등을 전전하다가 대리기사가 되었다. 그가 대리운전 업계로 끌어들인 선수가 있다.

철진은 필드하키 선수였다. 수도권에서 고등학교를 졸업한 후 요행히도 운동으로 대학에 진학했고 이후 실업팀에 입단했다. 필드하키 같은 비인기 종목은 변변한 실업팀이 없어서 지자체가 팀을 운영하는 실정이다. 그는 공부에 재능이 없어서 운동을 시작했지만, 운동에서도 딱히 두각을 나타낸 것은 아니었다. 사실 고교 시절 성적은 나쁘지 않았지만 '탑'급의 성적을 내는 선수는 아니었다. 전국대회 우승을 차지한 경력으로 대학에 진학했고 운 좋게 실업팀과 계약하며 하키 선수로 활약했다. 그러나 모든 선수의 꿈인 국가대표에 한 번도 발탁되지 못했고 후보 명단에도 오르지 못했다. 그는 재능을 끝내 꽃피우지 못한 채, 만년 유망주 딱지만 달고 있다가 30대 초반에 은퇴를 선택할 수밖에 없었다. 군대를 다녀온 후 재기의 칼날을 갈고 다시 도전해 보기도 했다. 선수의 의지와 재능이 시너지 효과를 내면 최고의 선수가 되기도 하지만, 열정만 앞서고 능력이 부족하면 재능을 꽃피우지 못한 채 결국 묻히기 마련이다.

형인과 철진이 만난 곳은 육체노동자의 삶이 지배하는 수도권의 공장 건설 현장이었다. 철근 파트에서 함께 일하며 둘은 친구가 되었다. 건설 현장 중에서도 가장 힘들다는 분야가 철근 파트다. 주로 체격조건이 좋은 노동자를 채용하는 곳이다. 운동선수 출신이었던 둘은 보통 사람들보다 더 좋은 신체 조건을 갖추고 있었지만 그들에게도 건설 현장은 만만치 않은 일터였다. 결국 둘은 그곳을 나와 대리운전을 시작했다. 사실 이 정도의 이력은 여느 운동선수 출신이 제2의 인생을 찾기 위해 경험한 평범한 경력이었다.

그들은 지금 몸담고 있는 대리운전 회사에서 월급도 아니고 연금도 아닌 돈을 매월 100만 원 내외로 수령하고 있다. 일종의 다단계 같은 방식으로 대리기사를 모집하는 일부 거대 대리운전 회사들이,

대리기사를 모집하는 과정에서 신규 대리기사를 데려오는 조건으로 1인당 5만 원 정도의 수당을 일시불로 지급한다. 또한 신규 대리기사가 대리운전을 통해 매일 벌어들이는 수입의 일정 비율을 나누어 갖기도 한다. 그렇게 해서 연금 같기도 하고 월급 같기도 한 돈을 받는 것이다.

대리운전 회사는 대리기사의 숫자를 통해 돈벌이를 한다. 대리기사 1명당 보험료, 관리비, 프로그램 사용료 등의 명목으로 월 15만 원 이상을 받는다. 아니, 받는다는 표현보다 뜯어간다는 게 더 적당한 표현일 것이다. 하루 3천 원의 보험료와 1천 원의 관리비, 건당 1만5천 원의 프로그램 사용료 2~3개가 바로 그것이다. 이렇게 뜯어가는 돈의 일부를 다단계 형태로 모집한 대리기사에게 매일 지급하는 것이다.

이런 방식으로 형인과 철진은 각각 100여 명의 대리기사를 모집하였고, 그들이 모집한 대리기사 하루 일당의 일부가 매일 통장으로 지급된다. 그리고 5년 만에 그들은 대리운전 회사의 간부가 되었으며 자신이 운행으로 벌어들이는 수입 외의 가외 수입을 추가로 벌고 있다.

대리운전 회사는 대리기사의 상황을 교묘히 파고들어 탈법을 조장하기도 하고, 여기에 현혹된 대리기사는 문제 있는 방식임을 알면서도 손쉬운 돈벌이를 위해 그들과 공범이 되기도 한다. 사실 합법과 불법의 경계에서 대리기사들을 교묘하게 이용하는 형태다. 운동을 통해 스포츠의 공정함을 배웠다면 세상을 살아가는 방식도 공정해야 한다. 어떤 직업을 가졌거나 어떤 경력으로 세상을 살아왔느냐는 것은 부차적인 문제다. 우리 사회의 공동체는 모두가 공정하고 정의로운 방식으로 시스템이 돌아가고 최소한의 상식이 작동되길 희망한다. 권력이 부패하면 국민들도 부정과 비리에 둔해지게 되는 세상으로 역주행하게 되는 듯하다.

열대야와 태풍을 동반한 추석의 날씨만큼이나 세상사는 복잡하고, 그 중심을 걷고 있는 각자의 인생은 고달프다. 환경으로부터 자유로울 수 있는 인간이란 애당초 존재 자체가 불가능할지도 모른다. 생물학적 환경은 물론이고 경제적·문화적 환경 역시 우리의 사고를 혼란스럽게 만든다. 우리의 인생사 역시 순탄할 수만은 없다. 그래서인지 우리의 사고방식도 이런저런 이유로 천차만별 다양할 수 있음을 깨닫는다. 누군가는 땀 흘린 노동의 대가를 선호하기도 하고, 또 누군가는 피땀을 흘려도 벤츠 타고 흘린다는 생각을 한다. 건강한 노동만이 진정으로 보상받는 당연한 세상이 오기만을 바란다.

꿈꾸는 식물

경기가 갑작스럽게 나락으로 떨어지면서 투잡에 종사하는 대리기사도 큰 폭으로 증가했다. 특히, 오래전부터 문화예술인들은 대리기사를 주업화하면서 부족한 수입을 대리운전으로 충당하곤 했다.

병찬이는 언더그라운드 밴드의 리더다. 그는 밴드에서 기타와 드럼을 담당한다. 원래는 드럼을 담당하지만 기타리스트를 구하기 어려울 때 기타를 맡기도 한다. 공연 기회는 많지 않다. 10여 년 전에는 홍대 인근 클럽에서 전담 밴드로 일하기도 했지만 이제는 젊은 친구들의 감각에 밀려 1년에 고작 3~4회의 공연으로 직업상 명맥을 유지한다. 몇 차례 음반을 내기도 했지만 이제는 음반 기획사를 구하기도 어렵다. 40대 후반의 밴드 평균 연령 때문에 공연계에서조차 이제는 퇴물 취급을 받는다. 하지만 그는 음악인의 삶을 내려

놓고 싶은 마음이 없다. 학창 시절의 오랜 꿈을 포기하지 못해 다니던 직장을 10년 만에 접기로 했다. 2007년 개봉영화 이준익 감독의 〈즐거운 인생〉을 보면서 그는 마음속 깊은 곳의 열정을 다시 찾아낸 것이다.

밴드 리더로서 그는 연습실 임대료를 내기 위해 야간 대리운전을 하고 있다. 월 100만 원의 임대료와 생활비를 마련하기 위해 하루 10시간 이상을 야간 노동에 할애한다. 오후 3시부터 8시까지 하루 약 5시간 정도는 기약도 없는 연습을 한다. 물론 공연 계획이 잡히면 대리운전을 포기하고 연습에 전념한다. 공연을 위해 생계를 포기하는 아이러니한 삶이 기다리는 것이다. 그는 일주일에 100시간 이상 일한다. 책임질 부양가족이 없는 미혼이라는 것에 오히려 감사해하며 대리운전과 음악인의 삶을 병행한다.

내가 채준이를 처음 만난 곳은 인천의 한적한 아파트 단지다. 새벽 3시쯤 함께 번화가로 이동할 동료 대리기사를 찾는 과정에서 그를 만났다. 그의 외모에서 범상치 않은 아우라가 느껴졌다. 185센티미터의 훤칠한 키에 준수한 용모가 시선을 집중시켰다. 그는 모델학과를 나온 현직 모델이다. 대학 시절 몇 번 런웨이에 섰던 것을 자부심으로 여기는 30대 초반의 청년이다. 지금은 피팅모델로 모델 직업을 유지하고 있다. 모델 일이 늘 있는 것이 아니고, 유명 모델도 아니라서 모델 일만으로는 생계를 유지하기 쉽지 않다. 부모님께 얹혀사는 터라 생활비 일부를 분담해야 한다. 그는 자신의 모델 경력을 바탕으로 여기저기 기획사와 방송국에 지금도 이력서를 보내고 있다. 자신의 꿈과 삶을 위해 그도 역시 대리운전을 한다. 낮에는 이력서를 돌리고 밤에는 취객들을 상대하며 쉽지 않은 투잡족의 길을 걷는다.

형준이는 수도권 도시의 예술단원이다. 그는 성악을 전공했다. 굵고 아름다운 중저음의 매력적인 목소리를 갖고 있다. 어릴 때부터 음악가의 꿈을 갖고 노력한 끝에 결국 그 꿈을 이루었고 박사학위도 받았다. 하지만 그가 예술단원으로 무대에 서는 대가로 받는 돈은 최저임금 수준이다. 학기 중에는 시간강사를 하면서 수입을 충당하지만, 방학 중에는 수입을 올릴 수 있는 전공 일을 찾기가 쉽지 않다. 그는 일주일에 하루 이틀 정도 과외로 학생 몇 명을 가르친다. 그리고 정기 공연을 위해 모여서 연습하는 것에도 일주일에 며칠을 할애해야 한다.

그는 가끔 음악인의 길로 접어든 것을 후회한다. 무대에 서는 기쁨은 첫 몇 달뿐이었다. 음악과 노래를 계속하면 할수록 도저히 보이지 않는 희망이 그를 좌절하게 한다. 가장 큰 이유는 결국 '돈'이다. 음악인의 삶을 포기할까 하다가도 무대에 서기까지 들어간 비용을 생각하면 쉽게 그만두지 못한다. 무대에서 박수받는 그 순간의 희열을 위해 바친 청춘의 땀방울이 억울하고 아깝기 때문이다.

학생들에게는 꿈을 향해 매진하라고 하지만 그 결과물이 뻔하다는 생각을 지울 수 없다. 가끔은 학생들에게 보여지는 자신의 위선적인 삶이 너무 싫다는 생각을 해본다. 생계와 꿈 사이의 간극을 메우기 위해 결국 나머지 시간에는 대리운전을 하면서 부족한 수입을 충당한다. 가끔 그는 대리기사를 전업으로 하고 싶다는 고민을 한다.

  영찬이는 연기학원에서 일주일에 한 번씩 댄스 실습을 지도한다. 그는 연기학원에서 이런저런 일을 도우며 생계를 유지한다. 연기학원이 끝나는 밤 10시가 되면 그는 대리운전을 시작한다. 원룸에서 혼자 지낼 때는 연기학원과 편의점 알바를 병행하며 소득을 맞추곤 했다. 하지만 이제 막 첫 돌이 지난 아이가 태어나면서 더 많은 일과 더 많은 소득이 필요했다. 1년 전 그가 대리운전에 뛰어든 이유였다.
  한때 그는 이름만 대면 알 만한 유명 한류 가수의 백댄서였다. 가수는 나이를 먹어도 변화를 거듭하며 명맥을 유지할 수 있지만 40대 중반의 백댄서는 무대에 설 기회조차 없다.
  그는 아이돌 그룹 연습생이었다. 고교 시절부터 20대 중반까지 하루 일과가 연습에 연습을 반복하는 일이었다. 춤이라면 지역에서 손꼽히던 실력자였고 그래서 몇 차례 데뷔의 기회가 있었지만, 이런저런 사정으로 밀려 결국 데뷔하지 못했다. 또한 아이돌 지망생 부모들의 치맛바람에 밀려나기도 했다. 게다가 병역의무마저 그의 꿈을 가로막았다. 데뷔도 하지 못하고 형식적인 백수이던 그를 국가는 가만두지 않았다.

군대를 다녀온 후 어렵게 다시 기획사를 찾아갔지만 그에게 다시 아이돌 그룹의 데뷔무대는 현실 밖의 영역이 된 것이다. 대신 유명 가수의 백댄서에 대한 제안이 왔다. 그는 흔쾌히 승낙했다. 언젠가는 가수로 데뷔할 수 있을 것이라는 기대감이었다. 그러나 그는 결국 데뷔하지 못했다. 가수의 백댄서 노릇만 10년 넘게 했지만 나이가 들면서 그마저도 포기해야 했다.

자신처럼 아이돌을 꿈꾸는 청소년들을 가르치는 일을 하고 있지만 대부분의 청소년들이 허상만을 좇는 것 같아서 마음이 아프다고 말한다. 대리운전을 마치고 아침 6시에 퇴근해서 오후 2시에 출근하는 그도 역시 주 100시간을 일해야 한다.

순빈이는 배우다. 그는 TV와 영화에서 한두 마디의 대사를 읊조린 경력을 갖고 있다. 천만 관객을 동원한 〈국제시장〉에도 출연한 경력이 있다. 이른바 '천만 배우'인 셈이다. 지금까지 그가 출연한 드라마와 영화는 대략 10편 가까이 된다. 그러나 사실 그를 알아보는 이들은 가족과 지인들 외엔 거의 없다. 처음에 엑스트라로 시작해 지금은 대사를 받고 있으니 앞으로는 더 많은 대사가 있는 조연급으로 올라서는 배우가 꿈이기도 하다. 대학로에서 공연을 하기도 한다. '막내'급이라 공연이 잡히면 온갖 잡스러운 일까지 도맡는다. 일종의 스태프 업무까지 하고 있는 셈이다. 요즘은 대학로 공연도 일정을 잡기가 쉽지 않다. 불경기 탓에 관객의 숫자도 눈에 띄게 줄어들었다.

　무명 배우의 삶을 산다는 것은 결국 생계를 유지할 다른 수단도 함께 챙겨야 한다는 의미다. 그래서 그는 대리운전을 한다. 공연이나 촬영 스케줄이 없을 땐 대리기사를 하면서 생계를 유지한다. 문화예술계에 종사하는 모두가 그렇듯, 그도 역시 배우 일에만 집중하고 싶다. 그러나 현실은 녹록지 않다. 그나마 아직 미혼이라는 신분이 그를 위로하지만 가정을 꾸리고 싶은 욕망은 가슴속에 늘 꿈틀거린다. 다만 자신의 처지 때문에 여자친구에게 결혼하자는 말을 못 하고 있다. 여자친구는 안정적인 직장인의 삶을 원하고 있기 때문이다. 30대 중반의 나이가 스스로를 부담스럽게 만든다. 안정적인 직장인과 배우의 꿈 사이에서 그는 오늘도 방황을 거듭하며 대리운전을 한다.

　문화예술계에 발을 들여놓는 순간부터 그들의 삶은 순탄치 않다. 최고의 예술인을 꿈꾸지만 최저임금조차 안 되는 돈으로 생계를 유지한다. 그래서 어떤 이는 자신을 '꿈꾸는 식물'이라고 비하하기도 한다. 더 큰 사람이 되고 싶지만 언제나 그 자리에서 꿈만 꾸고 있다는 의미다.
　"춤도 추고, 디자인도 하고, 배달도 하고", 이것은 몇 년 전 '배달의민족' 광고 카피다. 플랫폼 노동은 접근성이 매우 높다. 누구나 쉽게 시작할 수도 있고 또 중단할 수도 있다. 소득이 형편없으니 당장 아쉬운 대로 플랫폼 노동이라도 하게 만드는 광고 카피는 배달노동자를 극한의 상황으로 몰아넣는다. 춤추고 디자인하며 게다가 배달 일까지 해야 한다면 도대체 하루 몇 시간 정도의 휴식을 취하며 살아갈까? '원하는 날, 원하는 만큼 일한다'는 배민의 말은 결국 '회사가 원하는 시간, 필요한 만큼의 노동자는 얼마든지 존재한다'는 의미로 해석된다. 이 광고는 배달노동자뿐만 아니라 대리기사 등 모든 이동노동자에게 얼마든지 적용할 수 있다.

많은 사람들이 자신이 하고 싶은 일을 하면서 살고 싶지만, 모든 사람들이 하고 싶은 일을 하며 살지는 않는다. '하고 싶은 일'과 '하고 있는 일'이 다른 이유는 소득 때문이다. 노동에 대한 고민과 성찰 없이 문화예술계에 종사하는 많은 사람들의 열악한 상황을 교묘히 이용하는 광고는 해당 종사자들을 분노하게 만든다. 도로 위를 달리는 대리기사의 피와 땀으로 안전하고 행복한 귀가가 해결됨을 잊지 말아야 한다. 자신들의 돈벌이를 궁리하기 전에 인간의 땀방울로 이루어지는 플랫폼의 성공에 대해 더 깊은 성찰로 노동자를 대해야 한다. 점점 더 커져만 가는 플랫폼 노동시장의 비극이 한편의 광고를 통해 드러난 것이라 생각하니 씁쓸하기만 하다. '저녁이 있는 삶'을 꿈꾸었던 사람들이 이제는 '저녁조차 없는 삶'을 살아가고 있다.

부부 대리기사

　대훈 형님은 나이 70이 넘은 대리기사다. 그는 부부가 함께 대리운전을 한다. 그의 아내는 경차로 남편을 따라가며 남편과 함께한다. 대훈 형님이 대리운행을 잡으면 그의 아내는 행선지로 남편이 운전하는 고객의 차를 뒤따른다. 한 건의 운행을 마치면 작은 차 안에서 휴식을 취하며 또 다른 콜을 기다린다. 이런 방식으로 대리운전 업계에서 일하는 부부 대리기사가 간간이 존재한다.

　내가 그를 처음 만난 것은 설날이 지난 2월의 이른 봄날 밤이었다. 봄이라고 해도 밤에는 제법 찬바람이 파고드는 날이 계속되어서 긴 패딩 점퍼에 의지해야 하는 날씨이기도 했다. 그곳은 부천과 서울의 경계 즈음이었다. 시간은 오전 세시를 지나고 있었다. 오직 주택가만 있는 곳에 대리기사를 부를 만한 식당의 조명은 보이지 않았고,

당연하게도 주변에 대리기사 한 명 없는 곳을 탈출해야만 했다. 그런 고민을 하며 시나브로 걷고 있었다. 옷깃을 여미고 하염없는 발걸음으로 30분 정도 지났을 무렵 '함께 이동하기' 기능을 통해 부평으로 가자는 문자가 보였다. 즉시 전화를 걸어 그가 있는 곳으로 이동했다. 그는 경차의 운전석에 앉아 나를 기다리고 있었고, 그의 아내는 조수석에서 잠들어 있었다. 우리 집에서 채 1킬로미터가 되지 않는 곳에 그의 집이 있었다. 그가 나를 집 근처까지 편안하게 이동해 준 보답으로 나는 따끈한 해장국 한 사발을 제안했다. 그의 아내는 피곤한 몸을 누이기 위해 집으로 먼저 향했고 우리는 24시간 식당으로 걸음을 옮겼다. 새벽 4시에 처음 만난 사람과 식사하며 첫 잔을 들이키긴 처음이었다.

  한때 그는 공무원이었다. 젊은 시절 공직사회의 틀에 박힌 일을 하는 게 너무 지루하고 답답해 뛰쳐나와 작은 인쇄소를 운영했다. 출판사에서 의뢰받은 책자를 인쇄하며 그럭저럭 버티고 살 만했다. 열심히 일하면 일하는 만큼의 대가를 얻는 게 재미있었지만 매출은 갈수록 줄어들고 있었다. 시작할 때부터 출판업계가 불황이라는 사실을 모르고 겁 없이 뛰어든 게 패착이라면 패착이었다. 업계의 불경기는 갈수록 심해졌고 결국 일을 접어야 했다. 이후 택시 운전도 했고 식당을 운영하기도 했다.

  그의 아들은 대훈 형님을 아직도 일하게 만드는 장본인이었다. 그의 아들을 결혼시키면서 그는 자신이 가진 모든 재산과 함께 1억 원이라는 돈을 끌어 모아야 했다. 그래도 하나밖에 없는 아들이 결혼한다고 하니 기쁨이 앞섰던 것도 사실이었다. 자신이 결혼할 땐 반지하 월세 단칸방에서 시작했다. 하지만 아들은 그렇게 결혼시키고 싶지 않아 아파트 전세를 얻어준 것에서부터 문제가 생기기 시작했다. 게다가 아들은 결혼 5년 만에 다니던 직장을 그만두더니 급기야 이혼까지 하기에 이르렀다. 아들은 이혼 위자료로 살던 집을 넘겨주며 혈혈단신 다시 대훈 형님이 살던 집으로 들어왔다. 10년 넘게 홀로 경영하던 식당을 아들과 함께 운영하면서 훗날 물려줄 것을 생각하며 아들에게 온갖 노하우를 전수해줬다. 그러나 아들은 식당 운영에 소질이 없었다. 사무직 IT 업종에서만 일했던 터라 그에게 식당 일은 쉽지 않았을 것이다. 또한 IT 업종의 특성상 빠르게 변화하는 해당 업계의 흐름을 쫓아가지도 못했다. 자연스럽게 업계에서조차 더 이상 아들을 받아주는 곳이 없었던 모양이다. 기술영업으로 몇 군데 지원하기도 했지만 부족한 말주변 때문에 재취업도 어려웠다. 어느 날 식당 일을 마치고 퇴근했을 때 우울증 치료를 받고 있던 아들은 싸늘한 주검이 되어 있었다.

　코로나 국면이 끝나갈 무렵 식당 일을 접고 대리운전을 시작했다. 코로나 영업 제한으로 식당 임대료를 내지 못하면서 보증금은 이미 모두 사라진 뒤였다. 그들이 모든 것을 날리고 시작한 일이 대리운전이었다. 처음엔 홀로 시작했다. 그의 아내는 다른 식당에서 주방 일을 하며 생계를 도왔다. 그러나 나이를 먹을수록 건강 문제가 발목을 잡았다. 식당 일이라는 것이 음식을 만드는 모든 과정에서 재료를 다듬고 손질하는 일까지 책임져야 하는 상황이라 노구를 이끌고 더 이상 식당의 막노동 같은 일을 할 수는 없었다. 그렇게 둘은 부부 대리기사가 되었다. 아들마저 세상을 떠난 상황에서 어찌 보면 홀가분하지만, 한편으론 70이 넘은 나이에 결코 쉽지 않은 일이 대리운전이다. 밤을 새워야 하는 일이 결코 만만치 않기 때문이다. 더욱이 연금으로 나오는 50여만 원의 돈으로 생계를 유지할 수는 없는 노릇이다. 아프지 않은 곳이 없다고 말하며 하루하루 힘겨운 삶을 지탱해 간다. 오죽하겠는가, 나이가 70이 넘었는데. 그는 나와 한잔 술 말미에 이런 말을 했다. 모든 것을 돌이키고 싶다고. 영화 〈박하사탕〉의 설경구처럼 "나 다시 돌아갈래."

무엇인가를 되돌리는 일은 쉽지 않다. 한번 깨진 그릇은 잘 주워 모아 조심스럽게 붙일 수는 있을 것이다. 하지만 그렇게 해 보았자 아주 작은 충격에도 다시 깨지기 마련이다. 그걸 알면서도 다시 붙이고 싶어 하는 마음이란 애처롭지만 강력하다. 소용없다는 것을 알면서도 깨진 조각들을 주워 모으고 있는 그 마음인들 편안할까. 제아무리 현명한 사람일지라도 세상을 예측하면서 살 수 없다. 경험과 사유를 반복하며 오랜 시간 지혜를 터득해온 사람조차 시시각각으로 변화하는 세상의 풍경과 가치관 앞에서 무기력한 스스로에게 실망하고 서글퍼하기만 할 뿐이다.

자본주의의 만행

　형은 내가 존경하던 선배였다. 학창 시절 자본주의 타파를 위해 단상에 올라가 열변을 토하기도 했고, 졸업 후 노동운동에 헌신하는 삶을 살기도 했다. 같은 학교는 아니었지만 워낙 유명인이라 그와 인사를 나누는 것 자체가 영광인 그런 선배였다. 노태우 정부에서는 한때 수배자 신분이 되어 전국을 떠돌고 피신하는 유랑자 신세를 이어가며 운동권의 삶을 살았던 인물이다.

　그런 그를 30여 년 만에 다시 만났다. 시흥의 어느 번화가에서 어슬렁거리며 대리 콜을 기다리고 있을 때 낯익은 얼굴을 보며 서로 아는 체를 했다. 외모에 작은 변화가 있었지만 그래도 그 시절을 기억하는 모습이 남아있어 서로를 금세 알아볼 수 있었다.

　그가 노동운동에 투신하고 있을 때 나는 대기업에 입사했다. 그는 나에게 변절자라며 농반진반의 축하 인사를 건넸고 이후 그를 만나지 못했다. 그런 그가 대리운전을 하고 있었다. 하지만 여느 대리기사와는 달랐다.

그는 부동산 경매업에 뛰어들어 어느덧 건물주가 되어 있었다. 작은 아파트와 상가를 몇 번 경매를 통해 매입하고 되팔기를 반복하면서 시가 30억 원이 넘는 건물의 주인으로 화려하게 변신한 것이다. 경매에 나오기까지 얽힌 사연을 이해한다면 결코 할 수 없는 일이라고 생각하던 터였기에 나에게는 그의 모습이 충격 그 자체였다.

부천의 살짝 외진 자신의 건물 세입자 식당에서 소주 한잔을 기울이며 그의 종부세 강의를 들어야 했다. 그는 윤석열 정부가 종부세를 감면해준 것에 고마움을 설파하기도 했다. 대리기사는 그의 버킷리스트였다. 노동운동에 참여했던 과거를 회상하며 꼭 한번 해보고 싶은 일이라고 했다. 대부분의 대리기사에게 야간 노동은 생계를 좌우하기도 하며 과로사를 각오해야 하는 일이지만, 그에게 대리운전은 건물주의 삶을 살며 경험해보고 싶은 일종의 여가 활동과 같았다.

그도 역시 낮에는 건물을 관리하면서 밤에는 대리운전을 하고 주 100시간을 일한다. 건물 관리에 별도의 인력을 채용하지 않는다고 한다. 인건비가 아깝다는 이유에서다. 생존을 무릅쓰며 일하고 있는 다수의 대리기사에게 그의 대리운전 일은 대단한 실례이고 다른 대리기사의 일을 빼앗는 것이다.

나는 그에게 대리운전 중단을 요구했다. 젊은 시절 자본주의를 극복하고자 했던 그가 지금은 누군가의 불행을 이용해 돈벌이를 하고 있는 경매업자 겸 건물주로 변신한 것이다.

나는 그가 자본주의의 극단을 보여주는 '건물주'라는 사실에 당혹스러움을 감추지 못했다. 단지 건물주라서 문제라기보다 그가 주장했던 노동자, 농민, 도시철거민, 사회적 약자를 위한 세상은 이미 그의 가슴속에서 사라지고 온통 돈벌이에만 집착하는 전형적인 자본가의 모습만 존재하고 있었다. 자신의 마지막 꿈이 강남의 건물주라는 말을 하면서 종종 만나 소주 한잔씩 하자던 요청을 묵살하고 나는 그의 번호를 차단했다.

지금 대한민국 사회는 다수의 국민들이 건물주가 되는 꿈을 꾸고 있다. 부동산 가격 상승으로 한때 재미를 본 사람들이 부동산을 두 채 세 채씩 보유하고 있는 것도 모자라 어떤 이는 몇백 채가 넘게 소유하고 있는 실정이다. 부동산을 소유한 이들은 가격 상승을 꿈꾸지만, 무주택자들에게 부동산 가격 상승은 지옥과도 같은 일이다. 특히 부동산 가격의 상승은 노동 의욕을 저하시키고 사행성 심리를 고조시키는 악순환을 만들기도 한다. 대부분의 건물주들은 부동산 가격이 오르기를 기대한다. 그것이 곧 임대료 인상과 직결되기 때문이다. 따라서 부동산 투기를 이끌어 부동산 거품을 조장하는 이들은 다름 아닌 건물주들이다. 건물주가 꿈인 나라에서 노동자들이 제대로 된 대접을 받을 수 없는 것은 당연하지만 너무도 슬픈 현실이다.

자기계발 도서가 인기를 끌면 저자들은 유명 강사가 되어 전국을 누빈다. 한때 《아침형 인간》이라는 책이 폭발적인 반응을 보이자 그것도 모자라 《새벽형 인간》이라는 책이 나와서 수많은 사람을 현혹하기도 했다. 이후 이런 부류의 책들이 수년 동안 출판시장을 지배했다.

사실 자기계발서라는 것이 열심히 계획하고 실행하면 결국엔 성공에 이른다는 단순함의 극치로 포장되어 있으며, 자본주의 세상이 추구하는 인간의 탐욕을 적당히 자극하는 수준에 불과한 내용이 대부분이다. 잠을 죄악시하고 밤에도 낮처럼 일하며 휴식을 반납하고, 그렇게 살아야 돈도 벌고 부자도 되고 성공하여 더 큰 명예를 얻을 수 있다는 환상을 심어준다. 오직 그것만이 의미 있는 삶인 것처럼 부추겼던 세상에는 사기꾼 신화로 대통령의 자리까지 올랐던 토건족 출신의 대통령, 그들만의 신화가 있었다. 국가의 개발정보를 빼돌리고 부동산 투기를 통해 막대한 부를 축적하고 그리하여 서민들의 피를 빨아서 강남의 빌딩주가 되었던 이들의 세상에 사회적으로 유령 같은 존재인 대리기사가 눈에 들어오기나 했을까.

어느 여름날 내가 만난 고객은 외제 차의 주인이었다. 그는 신도시 건설 현장에서 인천 송도로 가는 고객이었다. 그가 요청한 출발지에 도착했을 때 그는 편의점 앞에서 서너 명의 사람들과 함께 맥주를 마시며 일장 연설을 퍼붓고 있었다. 그보다 족히 열 살 정도는 더 들어 보이는 사람들이 그의 말에 귀를 기울이며 연신 맞장구를 쳤다. 내가 듣기에 얼토당토않은 이야기지만 그들은 사실 젊은 사장을 모시는 간부급 직원들이라 사장의 비위를 맞추는 데만 정신이 팔려있었던 모양이다. 30대 중반에 아버지의 기업을 물려받은 그는 사장으로 취임한 지 5년째 되는 날, 직원들과 회식을 마치고 대리기사를 불렀다. 직원 10여 명에 불과하던 회사를 5년 만에 50명으로 늘렸고 매출도 세 배 이상 올랐다며 자기 자랑에 여념이 없었다.

그는 건축 기자재를 납품하고 하청까지 수행하는 작은 건설회사의 소유주였다. 아버지가 경영할 당시에는 작고 튼튼한 회사로 운영했지만 자신은 더 크게 사업을 벌이고 싶어서 각종 개발 사업에 기자재를 납품하는 방식으로 뛰어들어 큰돈을 벌고 있는 중이라며 '뽕'이 잔뜩 들어간 말들만 반복했다. 지금까지 자신이 마음먹어서 안 되는 일이 없었고 계획대로 열심히 실행하면 꿈은 반드시 이루어진다는, 마치 자기계발 강사 같은 상투적 단어들을 나열했다.

대리운전으로 그를 집까지 데려다주는 시간 동안 그의 일장 연설을 들어야 했다. 30분이 마치 세 시간처럼 느껴졌다. 결국 자신이 노력해서 벌어들인 돈으로 일으킨 회사가 아닌, 부모에게서 물려받은 회사를 키우고 있는 게 그에게는 굉장한 자부심이었던 모양이다. 부의 세습을 통해 더 많은 부를 축적한 것이 부자들에게는 또 다른 자랑거리인 셈이다. 그런 사람들이 도대체 대한민국의 평범하고 일반적인 노동자보다 얼마나 더 열심히 살고 노력하는지 객관적인 지표가 없으니 알 길이 없다. 다만, 나는 왜 그런 자들이 부럽지 않은지 나 스스로도 참 이해가 안 가는 인간이라는 생각을 했다.

　부지런한 민족성을 내세우며 사막에 물길을 내고 꽃을 피워주는 기적을 만들어 주면서 열사의 땅을 개척했다는 개발독재 시대의 논리는 토건적 행태의 자부심으로 짙게 밴 세상을 창조했다. 그들은 '조물주 위에 건물주'라는 비아냥을 칭찬으로 바꾸어 토건족의 신화를 이어갔다. 대한민국 경제성장의 부흥을 이끌었다며 자화자찬하던 그들은 이 좁은 땅덩어리를 신도시라는 이름으로 계획도시를 만들어 끝없이 파내고 건물을 세우고 넓은 도로를 만들어 부동산 가격을 올린 다음, 대형건물은 다시 나누고 쪼개는 분양방식으로 그들만의 세상을 만들어 버린 것이다. 결국 어린 시절 즐겨 했던 땅따먹기 놀이가 이제는 탐욕과 결합하여, 사람보다 자본이 먼저인 세상으로 바뀌어버렸다.
　자본주의는 한때 자신을 증오하며 타도를 외치던 이들마저 아군으로 만드는 기적을 보인다. 자본의 힘은 막강하다. 어둠은 빛을 이길 수 없다던 그들은 어느 순간 어둠 속으로 사라져 어둠의 제왕으로 군림한다. 밖으로 드러나지 않아도 어둠 속에서 수많은 부정과 부패와 불법을 저지르며 결국 그들만의 세상을 만들어 간다. 자본주의의 만행에 물들어 가는 대한민국이다.

엄마야 누나야

　인천에서 화성의 어느 한적한 장례식장을 가는 콜이 잡혔다. 고객을 만나 차의 문을 여는 순간 우울한 향기가 콸콸 쏟아졌다. 빛보다 냄새가 더 빨리 나에게 스며들었다. 오래된 트럭은 내부 조명조차 흐릿했고, 거친 후각이 나의 오감을 자극했다. 달랑 두 자리만이 세상의 전부인 트럭 안에서, 뒤엉켜 부패된 냄새와 어두운 그림자가 인사를 나누고는, 곧장 차량 밖으로 사라졌다.

　차량 내부의 불을 켜는 순간 또 다른 어둠이 보였다. 삶은 사라지고 생존 의식으로 가득한 반 평짜리 공간이 그의 숙식을 해결해 주는 안식처였다. 빈 소주병과 김칫국물과 편의점 도시락의 찌그러진 플라스틱이 어지러운 관계 맺기를 하고 있었다. 운행을 시작하며 장례식장으로 가는 이유를 넌지시 묻자 젓가락 같은 그의 몸에서 갑자기 코끼리 같은 눈물이 쏟아졌다.

고객의 아버지는 베트남전쟁이 끝나갈 무렵 전장에서 사망했다. 정확히는 실종되었다고 하는데, 시신을 찾지 못했고 사망 통지서만 날아왔다. 이후 모친은 어린 남매를 보육원에 맡기고 자신의 인생을 찾아 떠났다. 보육원 시절부터 갖은 고생을 겪으며 모진 세월을 살았다. 동생이 어찌어찌하여 모친의 연락처를 찾았지만 자신을 버린 엄마를 만나고 싶지 않아서 지금껏 피해 다니기만 한 것이다. 그런 모친의 부음을 받았다. 모친의 장례식장으로 가는 길에 그는 처음 만난 나에게 인생 하소연을 쏟아내며 거친 세상을 눈물로 토해내듯 스스로를 위로했다.

중년 사내의 투박한 말씨가 여름 장마의 눅눅하고 퀴퀴함이 배어 버린 차량과 함께 좁은 허공을 맴돌았다. 눈물과 울음은 절규가 되기도 하고 소음이 되기도 했다. 그에게 가족은 아쉬움과 서러움 그리고 복수의 대상이었다. 죽여 버리고 싶은 그리움에 아버지 묘소(가묘)를 찾아가 봉분을 파헤치기도 하고, 동생이 알려준 번호로 전화 걸어 말 한마디 없이 흐느끼기만 하다 전화를 끊기도 했다. 그는 결국 화해하고 싶었다. 늦었지만, 그래서 더 보고 싶은, 언제나 그리웠지만 만나고 싶지 않은 그 얼굴.

'엄마'

마지막 가는 길, 편안히 보내드려야겠다는 마음, 용서 없이는 자신의 마음이 더 불편할 것만 같은 시린 상처, 키워주지 못한 엄마에 대한 증오와 낳아준 엄마에 대한 그리움, 그는 모든 걸 날려버리고 싶었을 게다. 50대의 사내에게서 엄마와 헤어지던 여덟 살 소년의 얼굴이 떠오른다. 그 어린 중년의 사내가 보육원에서 겪어야 했던 10여 년의 삶은 지독한 군대 생활과 다름없었다. 매일 밤 선배들에게 기합받고 얻어터지던 기억들, 알고도 모르는 체하던 관리자들. 차라리 버려진 토사물 곁에서 움찔거리는 구더기가 행복해 보이던 시절이었다.

한 시간여 동안 그의 인생살이 하소연을 들으려니 생존의 나락에서 허우적거리는 대한민국 말초신경들의 가여움에 눈물이 났다. 겨울에는 뻥튀기로, 여름에는 과일 장사로 생계를 해결하고, 봄여름에는 트럭에서, 가을겨울에는 사우나에서 숙식을 해결했다. 이미 친구 몇 명이 오래전 서울역 노숙자로 전락한 것을 생각하면 스스로 운이 좋은 사람이라고, 그는 말했다. 자신에 대한 뿌듯함이 한없이 처연해 보인다. 노숙자와 노점상, 가진 자들에게는 비슷한 삶일지 몰라도 없는 이들에게는 하늘과 땅만큼이나 엄청난 차이일 것이다.

노점상을 하는 그에게 트럭은 집이자 안식처이며 아내이자 가족이었다. 그가 가진 모든 것이었다. 오래되고 낡았어도 아직 10년은 거뜬하다고 말한다.

그날 그는, 보육원 시절부터 자신을 지원해준 독지가와 함께 술 한 잔 걸치고 대리기사를 부른 것이다. 그 트럭도 10년 전 후원자가 마련해 준 것이라고 한다. 그에게는 누군가 자신의 하소연을 들어줄 사람이 필요했다. 인천에서 화성 장례식장까지는 1시간 거리였다. 장례식장에 그를 내려주고 다시 옮기는 발걸음이 무릎에 돌덩이를 매단 듯 무겁기만 했다.

  생후 80일에 입양한 둘째가 어느덧 대학 입시를 준비해야 하는 나이가 된 입양 부모 입장에서, 내가 우리 아이의 부모가 되지 않았다면 우리 둘째는 지금쯤 어떤 삶을 살고 있었을까, 하는 생각을 해 보았다. 그리고 한동안 보육원 자원봉사를 하며 시설의 아이들을 만났던 지난 일을 생각하면 중년 사내의 지난한 삶이 결코 남의 일 같지 않았다. 지금 대한민국의 보호시설 출신 아이들은 어떻게 살고 있을까.

  시흥에서 김포로 향하는 고객을 만난 것은 무더위가 기승을 부리던 8월의 평일 밤 10시 무렵이었다. 그는 아버지의 가업을 물려받은 사업가였다. 하지만 그는 사실 사업에 대한 욕심보다는 어린 시절부터 꿈이었던 작가의 삶을 포기한 것이 못내 아쉬운 듯했다. 직원이 30명 정도인 가전제품 부품회사 오너였다.

  나의 본업이 작가이며 기자라고 이야기하자 그는 마치 연락이 끊긴 옛 친구를 만난 듯 반가워했다. 무라카미 하루키의《상실의 시대》를 좋아한다던 그와 함께 대리기사를 하면서 처음으로 고객과 문학 이야기를 나누는 경험을 했다. 주인공인 와타나베를 비롯한 인물들을 말하면서 그 짧은 시간 고객은 자신의 인생을 되찾은 듯 흐뭇해

했다.《바람의 노래를 들어라》,《해변의 카프카》등 하루키 작품에 대해 작가 지망생답게 해박한 지식을 갖추고 있었다. 일본 작가 중에서는 해마다 노벨문학상 후보였던 무라카미 하루키는 나에게도 큰 울림이 있는 작가이기도 했다.

  목적지에 도착한 고객은 무척 아쉬웠던지 자신이 산다면서 맥주 한잔을 권했다. 김포에서 집으로 돌아갈 일이 아득하여 고객의 요청을 정중히 거절했더니 편의점으로 나를 끌고 가서는 책 이야기를 더 나누자고 했다. 하루키의 다른 작품들 그리고 우리나라에서 노벨문학상이 나온다면 어떤 작가가 받을 것이라는 이야기 등, 그날 함께 술을 마시지는 않았지만 1시간여 동안 나누었던 대화를 잊을 수 없다.

  그리고 그 고객은 정확히 한강 작가의 노벨상 수상을 예언했고, 그의 예언은 적중했다. 지금이라도 늦지 않으니 못다 한 꿈을 펼치길 바란다며 자리를 마무리했다. 하고 싶은 일(글쟁이)을 하기 위해 하기 싫은 일(대리운전)을 병행해야 하는 나와, 아버지 때문에 억지로 물려받은 가업을 운영해야 하는 부자 고객의 잃어버린 꿈 사이에서 만감이 교차하는 하루였다. 이후 몇 차례 카톡을 주고받으며 지내다가 한강 작가의 노벨문학상 소식으로 다음 만남을 기약했다.

  그는 퇴출당한 야구선수였다. 내가 만난 당일 그의 방출 소식이 스포츠신문 한쪽에 전해졌다. 수도권에서 고등학교를 졸업하고 2018년 하위 순번으로 수도권의 모 구단에 지명된 선수였다. 야구팬인

나로서도 내가 응원하는 우리 팀 1군 선수가 아니라면 이름을 기억하지 못하는 것이 일반적일 수밖에 없다. 하물며 다른 팀의 2군 방출 선수의 이름을 알 리 없다. 고교 시절엔 제법 잘한다는 소리도 들으며 유명 야구선수를 꿈꾸었지만 이제 그는 아무도 이름을 기억하지 못한 채 20대 중후반의 나이로 은퇴 기로에 서게 된 것이다. 그는 외야수로 1군에서 5경기만 뛰고 내내 2군 선수로 머물렀다. 야구선수가 아닌 현역병으로 군 복무를 해결하고 다시 팀에 복귀했을 때, 열심히 하면 언젠가 기회가 올 것이라는 그의 생각과 달리 그의 입지는 2군에서조차 더욱 좁아져 있었다.

내가 그의 대리 호출을 받고 달려간 시간은 이미 새벽 4시를 넘긴 시간이었다. 함께 퇴출당한 6명의 동료와 함께 신세 한탄을 하면서 술 한잔 마시자 했던 것이 밤을 새우게 된 이유가 되었다. 1차는 구단에서 제공하는 송별식의 의미로 저녁을 먹었지만 그렇게 얻어먹는 한 끼 식사 자리가 편안할 리 있을까.

그는 자신이 퇴출당할 것이라고 예상하지 못한 것은 아니었다. 감독과 코치가 자신에 대한 관심을 접고 있다는 예감이 들었던 것이 이미 몇 개월 전이었다. 보통 시즌이 끝나면 방출 선수를 발표하게 되는데, 그는 자신의 방출을 당시부터 인지하고 있었던 것이다.

독립야구단에서 계속 야구를 하고 싶다는 그의 희망과는 달리 부모님의 입장도 매우 중요한 상황이라 그는 앞으로의 삶을 어떻게 꾸려야 할지 막막하다며 우울한 세상을 한탄했다. 프로구단에서는 월급을 받아 가며 야구를 하지만 독립야구단은 돈을 내가면서 선수 생명을 이어가야 한다. 평생 야구만 했던 고객은 앞으로 무슨 일을 하면서 야구를 이어갈지조차 모르는 답답한 상황으로 내몰린 것이다. 야박한 자본주의의 채찍은 젊은 야구선수에게도 예외는 아니었다.

대리운전이라는 일을 부업으로 삼으며 만났던 고객이 지난 2년여 간 2천여 명에 이른다. 좋은 고객, 나쁜 고객, 이상한 고객 등 별별 고객을 만나면서 대한민국 사회의 신랄한 밑바닥을 보고 있다. 대리기사는 이 사회의 민낯을 여실히 볼 수밖에 없는 일을 한다. 위기에 처한 민초들의 한숨 소리가 매일 밤 태풍처럼 들려온다.

2부

회색지대

나는 누구인가

　대리기사를 하기 전부터 나는 글쟁이였다. 다니던 대기업을 퇴사할 무렵, 제2의 인생을 고민하면서 도전한 일이기도 했다. 낭만을 꿈꾸던 글쟁이의 삶은 철부지 작가 지망생에게 세상을 바라보는 눈을 뜨게 만들었다. 쌀독에 쌀이 떨어지고 통장의 잔고가 0원이 되면서 갑자기 내몰린 건설노동자의 삶을 경험했다. 반도체공장 건설 현장에서 내가 겪은 건설노동자의 삶을 통해 르포 작가로 등단한 계기가 되었다. 오랫동안 작가를 꿈꾸며 글을 썼지만 정작 내가 쓴 르포가 세상에서 목소리를 낸 것은 2019년 전태일문학상 수상 당시의 '살아남은 자의 도시'가 처음이다. 르포 작가는 그저 타이틀일 뿐이다. 내가 쓴 몇 편의 르포는 내 컴퓨터에 아직도 잠들어 있다. 글 쓰는 게 좋아서 시작한 일이라 인터넷 언론사 기자로 활동 중이기도 하다.
　뿐만 아니다. 나는 시민단체 활동가의 삶을 살고 있다. 돈벌이와는 크게 관련 없는 사무국장의 직함을 두 개나 갖고 있다. 아무튼 그런저런 일을 위해 나는 매일 여의도 사무실로 출근한다. 이렇게 허울 좋은 타이틀만 잔뜩 보유하고 있으니 집에서는 눈칫밥 신세를 모면하기 어렵다. 하는 일은 많되 벌이가 마땅치 않으니 대리기사라는 일을 통해 수입을 보충한다. 작곡가 지망생이면서 철학도인 대학생 아들과 요리사를 꿈꾸며 대입을 앞둔 고등학생을 키우는 가장이기에 나의 수입은 가족의 삶과 생계를 좌우한다. 내가 대리기사 일을 포기할 수 없는 이유다.

그러나 내가 대리기사를 하는 것은 꼭 벌이 때문만은 아니다. 내가 좋아하는, 하고 싶은, 의미 있고 가치 있는 일을 하기 위해 더 많은 노동을 선택하고 있는 셈이다. 철부지 꿈 많은 작가의 삶을 영위하기 위해 나는 대리기사의 삶을 살고 있다. 그렇게 나는 네 가지 일을 하며 세상과 동행한다.

내 차가 아닌 누군가의 차를 운전하면서 달리는 차량의 운전석에 앉아 창밖을 바라보곤 한다. 가로수의 가까운 나무들이 다가오면서 사라지고 그들이 또 도망을 간다. 그곳엔 먼 산만이 풍경으로 남는다. 그렇게 운전을 마치고 천천히 걷는다. 혹독한 더위를 물리친 공원에, 사람들은 돗자리를 깔고 누워 있다. 그들은 하늘을 보며 별을 따고 나는 시간을 보며 운행을 한다. 시간은 도로의 나무처럼 한없이 미끄러지고 대리기사는 그 도로 위를 멍하니 운전한다.

어쩌면 내가 살고 있는 인생길도 그럴 것이다. 다가가면 도망가고 돌아서면 다시 오는 흔들리는 도로의 가로수 같은 느낌. 그들의 운전석에 앉아 핸들을 잡는다는 것은 어렵고 심란한 일이다. 속도를 내며 달리다가 전방에 갑자기 나타난 과속방지턱 때문에 자동차 가속기에 얹어진 발바닥을 원망하는 것처럼 그러다가 또다시 속도를 내고 과속 단속 구간에 급정거하듯 세상을 보면서 허덕인다. 가끔은 내가 하는 일도 나의 시름도 누군가의 운전석에 앉아 가까워졌다가 멀어지는 풍경일 것이다. 세상 졸린 눈을 비벼가며 바라보는 지구밖에 머물러 있는지도 모르겠다. 그걸 인생이라고 부르던가.

노동자들의 '저녁이 있는 삶'을 지지하고 지난 윤석열 정부의 69시간 노동 권고에 분노하면서, 정작 나는 저녁이면 대리운전을 위해 집을 나서고 1주일에 100시간 일하는 모순 속에 살고 있다.

대한민국의 노동시간은 2022년 OECD 기준 연간 1,904시간이다. OECD 평균 1,719시간보다 무려 185시간 더 많이 노동한다. 한국은 또한 대표적인 수면 부족 국가다. 하루 평균 수면 시간 7시간 41분으로 OECD 국가 평균 8시간 22분에 훨씬 못 미쳐 전 세계 꼴찌를 기록 중이다. 어디 그뿐인가. 일과 수면, 그 중간 즈음의 시간을 쪼개어 유흥에 할애하고 있다. 수면보다 알코올을 선택하며 노동과다의 스트레스를 음주로 해결하는 일들이 이어지고 있다. 더 많은 노동을 하고 더 많은 유흥을 즐기며 더 적게 자는 대한민국 노동자들. 대한민국 노동자들에게, 시대를 살아가는 민초들에게 노동의 수고를 풀어주는 행복이, 고통을 감내하는 수단이 어쩌면 한잔 술인지도 모른다. 위로하고 위로받고 기뻐하고 기쁨 주는 곳, 알코올은 곁에서 그들을 묵묵히 지켜준다.

　대리기사는 우리나라에만 존재하는 독특한 직업이다. 일본과 미국에도 일부 존재하지만, 이는 한국 교포사회 중심으로 우리나라 문화가 전달된 것이다. 따라서 그 연원은 대한민국이다. 또한 우리나라처럼 전국적으로 성행하는 것이 아니라 일부 도시에서만 이루어지고 있다.

　애초 대리운전이라는 일은 직업이라기보다는 택시 기사 업무 일부에서 생겨난 사회적 현상 중 하나였다. 술 취한 차주가 지나가는 택시를 붙잡고 자신의 차를 운전해 달라는 거래에서 출발했기 때문이다. 1990년대 초중반 택시 기사를 했던 이들의 증언에 의하면 당시 대리기사 비용은 택시요금의 2배가 통상적이었다고 한다. 택시기사가 차주를 내려주고 다시 자신의 택시로 돌아갈 비용 정도가 대리 비용이라고 볼 수 있다.

　우리나라 대리기사의 기원은 강남의 대형 룸살롱에서 시작되었다는 설도 있다. 90년대에 종업원이 고객의 차량을 집까지 운전해주는 대리기사 형태의 일이 존재하기는 했다. 이는 어디까지나 웨이터가 운전까지 해주던 일의 변형일 뿐이다. 해당 유흥업소에서 술을 마시면 차가 있어도 안전하게 귀가시켜 준다는 소문을 듣고 차량을 가진 손님들이 몰리면서 대리기사를 직원으로 다수 채용했다는 이야기도 있다. 하지만 강남 유흥업소가 아닌 일반 지역에서의 대리기사는 택시 기사를 통해 시작됐다는 것이 정설이다. 한편, 당시 강남 유흥업소 직원으로 일했던 대리기사들이 '운전 대행'이라는 단어를 '대리기사'와 '대리운전'이라는 용어로 바꾸어 처음 사용했다는 주장도 있다.

아무튼 당시엔 음주단속이 느슨한 시절이기도 했고 몇 푼의 돈으로 음주 사실을 감추어 버릴 수도 있던 시절이라 대리기사 수요가 많지 않았다. 이후 음주단속이 강화되고 대리기사 수요가 증가하면서 대리기사는 정식 직업으로 발전하기도 하고 이에 따라 산업의 관점으로 접근하기에 이른다.

술과 자동차와 핸드폰, 전혀 상관없을 것만 같은 이질적인 세 가지의 조합은 대리운전의 성업을 만들어낸다. 술은 마시고 싶지만 음주운전에 대한 부담은 상당하다. 대리기사를 부르고 싶어도 당장 전화기가 없거나 대리운전 회사의 번호를 모른다. 겨우 번호를 알아내고는 전화를 건다. 고객은 콜센터에 전화를 걸고, 콜센터는 어딘가에서 대기 중인 대리기사에게 무전기나 삐삐로 연락하고, 대리기사는 음식점에 찾아가 "대리 부르신 분!" 하면서 큰 소리로 외쳤던 시절이 있었다.

그러던 것이 90년대 후반 들어 핸드폰이 빠른 속도로 보급되며 대중화의 시대로 질주한다. 이때부터 삐삐와 무전기가 사라지고 대리기사는 핸드폰으로 고객과 직접 연결된다. 대리운전이 산업화되기 시작한 것이다. 이후 스마트폰의 보급에 힘입어 대리운전 회사라는 사무공간 없이도 대리기사를 직업으로 삼을 수 있는 상황으로 전개되었다. 스마트폰의 대중화와 대리운전용 앱의 일반화는 전화로 부르는 대리운전을 서서히 몰아내고 있다.

90년대 후반 IMF를 거치며 신자유주의가 급속히 밀려오고 자본주의 병폐가 심화하면서 해고와 구조조정에 몰린 노동자들이 일시적으로 시작한 일이 대리기사이기도 했다. 이후 대리기사가 빠르게 늘면서 대리운전 회사들이 우후죽순 생기는 계기가 되었다.

당시 나는 인천 부평의 대기업 사무실에서 근무했는데, 직장 동료들과 가끔 음주를 하면 선배들이 대리기사를 불러주곤 했다. 그때 나의 신혼집인 인천 연수구 동춘동까지 대리기사 비용이 2만 원이었다. 하지만 지금도 같은 거리의 대리기사 비용이 2만 원이다. 20여 년 전 당시 국민소득 1만 달러에서 지금 3만 달러가 넘는 시대가 되었지만 대리운전 비용은 그때나 지금이나 변함없다는 것을 어떻게 설명해야 할까. 이는 이 사업을 운영하는 대기업 플랫폼의 횡포가 크게 한몫을 차지하고 있기 때문이다.

사실 알코올이라는 게 1군 발암 물질이기도 하다. 어디 그뿐인가. 우리 몸의 전신에 작용하는 고혈압과 부정맥 같은 수십 개의 질병과 관련되어 있다는 연구 결과도 있다. 특히 지방간, 간암 등 간질환에는 치명적이다. 술은 뇌 손상을 초래하기도 하고 중독을 일으키기도 한다. 더욱이 술은 우리 몸의 면역체계를 망가뜨린다. 알코올 중독만큼 위험한 질병도 없다. 국가는 이런 사실을 알고 있음에도 술 판매를 허용한다. 대중들 역시 이러한 사실을 알고 있지만 알코올을 마음껏 흡입한다. 대한민국의 모든 성인은 법의 간섭 없이 술을 즐길 수 있다. 술을 판매하지 않는다면 대리운전이라는 업종도 존재하지 않을 것이다.

알코올은 영화와 드라마, 문학작품에 때로는 주인공으로, 혹은 주인공 주변의 무엇으로, 어떤 장치로든 등장한다. 그저 스쳐 지나가는 엑스트라로 소비되기도 한다. 픽션의 세계에서 소비되는 술은 풍류이거나 폭력이거나 양극단으로 묘사된다. 그러나 우리의 일상에서는 알코올이 그렇게 낭만적이기만 한 것도 아니고, 그렇게 무도하기만 한 것도 아니다. 건강을 염려하면서도 술과 함께 즐기는 아름다운 자리를 선호한다. 막걸리 한잔이, 목을 적시는 시원한 생맥주가, 몇 순배의 소주가 온몸을 휘감으면 어김없이 귀갓길이 기다린다. 그곳에 대리기사가 존재한다. 그 한잔 술의 기쁨을 지키고 유지하며 민초들의 안전한 귀갓길을 위해 대리기사는 오늘도 대한민국을 운전하는 중이다.

아무것도 아닌 사람들

    내가 고객을 부르는 호칭은 단 하나, 그저 '고객님'이다. 처음 대리기사를 시작한 2년 전부터 지금까지 그 호칭에서 벗어난 적이 없다. 예외를 적용하고 싶은 경우도 없다. 나에게 그저 고객은 고객일 뿐, 그들이 하는 일이나 사회적 지위에는 별 관심도 없고, 갖고 싶지도 않다. 호칭은 상대방에 대한 예의를 가미해 더 높여 부른다고 하지만 나는 굳이 그럴 필요를 느끼지 못한다. 그래서 나는 고객을 그저 '고객님'이라고 부를 뿐이다. 그들의 안전한 귀가 때문에 그저 짧은 시간 함께해야 할 고객이다.

    고객들은 나에게 '사장님'이라는 호칭을 주로 사용한다. 어떤 이는 '선생님'이라고도 부른다. 나에게 그렇게 불러 준다고 한들 호칭대로 나의 사회적 계급이 오르거나 경제적 위상이 나아지는 것도 아니다. 세상의 모든 일들이 '인플레이션'화하면서 호칭에도 그런 현상이 찾아왔다. 동네 구멍가게 사장님부터 대기업 사장님에 이르기까지 다양한 사장님이 존재한다. 하지만 정작 나는 사장님도 선생님도 아닌 그저 대리기사일 뿐이다. 누군가가 날 부르는 호칭에 민감하게 반응한 적도 없지만 가끔은 "기사님이라고 불러주세요"라며 호칭 정정을 요청할 때도 있다. 그게 편하기 때문이다. 나는 사장도 아니고 선생도 아닌 그저 대리기사다. 내가 자영업자 호칭인 '사장님'이 아닌 노동자 호칭 '기사님'을 더 좋아하는 이유다.

한때, '철가방'이라고 불리며 직업적 하대의 상징이자 심지어 코미디 소재로 쓰였던 배달노동자는 엄연히 음식점 종업원의 신분이었다. 그들은 식당 주인의 감독과 통제에 따라 정해진 급여를 받고 일했다. 어느 순간 등장한 '배달의민족' 등의 플랫폼으로 인해 그들의 신분은 '플랫폼 노동자'로 전환이 이루어진다. 플랫폼을 통해 관리와 규제 그리고 소득마저 결정되는 상황이 된 것이다. 대리기사 또한 지금처럼 플랫폼 노동자의 신분이라기보다 오히려 대리운전 회사에 소속된 직원이었다. 플랫폼이 등장하기 전에는 회사는 셔틀버스를 운행하여 대리기사의 이동을 돕는 방식으로 일을 지원했다. 다만 소득을 정하는 방식이 다를 뿐이었다. 지금은 '카카오T대리'나 '티맵대리' 같은 앱이 발달하면서 대리기사도 역시 플랫폼 노동자의 형식으로 신분의 변화가 이루어진 것이다.

배달노동자나 대리기사는 온라인을 통해 얻은 일감을 오프라인의 특정 장소에서 수행한다. 고객이 카카오T나 티맵 또는 전화를 통해 대리기사를 호출하면 대리기사가 사용하는 앱에 등록되어 콜 수락 버튼과 함께 언제나 쉽게 만날 수 있다. 부르면 곧바로 달려가 20~30분 정도의 운전 업무를 제공하고 사라지다 보니 대리기사라는 존재는 알고 있되 그들의 삶이나 신분에 관심을 갖는 이들은 많지 않다. 사실 플랫폼 노동자들은 고객이 알건 모르건 어느 사이 회색지대에 놓여 있다.

이들이 수행하는 노동 자체는 내용상 온라인 플랫폼의 등장 이전과 크게 다르지 않다. 식당 이름이 쓰인 철가방을 든 배달부와 플랫폼 기업 이름이 쓰인 배달통을 가진 배달 기사는 고객이 주문한 음식을 원하는 장소에 직접 배달한다는 점에서 똑같은 일을 한다. 방식의 차이는 있지만 업무 수행 과정에서 통제를 받고 있다는 점에서도 동일하다. 배달 기사는 식당 주인의 직접적 지시와 통제를 받지는 않지만, 수락률과 평점 등을 통해 플랫폼 기업에게 평가받고 그에 따라 일감 배분에 불이익을 받기도 한다. 가격 결정은 물론 가격 협상도 할 수 없다.

대리기사의 경우도 다르지 않다. 과거 플랫폼이 존재하지 않을 때는 대리운전 회사가 주는 일감을 고객에게 제공해주는, 즉 고객이 원하는 장소로 안전하게 모셔다 주는 역할을 수행했다. 현재의 대리기사도 역시 플랫폼에게 평가받고 그에 따라 일감을 배분받는 신분이다. 일하는 방식과 내용이 과거와 크게 다르지 않으며 다만 플랫폼이라는 새로운 형태의 사용자가 등장한 것뿐이다. 하지만 대리기사나 배달 기사 같은 플랫폼 노동자의 다수는 공식적으로 노동자가 아니라 자영업자 취급을 받는다.

적당히 부패하고 적당히 깨끗한 정치인들을 보며 양극단의 진영 놀음에 환멸이 커지는 세상처럼, 그래서 정치혐오를 조장하는 세력들로부터 '그놈이 그놈이다'라는 세뇌에 무기력하게 빠져드는 것만큼 위험한 것이 바로 '플랫폼 노동자는 자영업자일 수도 있다'라는 그릇된 명제다. 회색지대에 있는 플랫폼 노동자를 노동자로 볼 것인지 아니면 자영업자로 볼 것인지는 그 자체로 그리 중요하지 않을 수 있다. 문제는, 실질적으로 노동자 성격을 강하게 띠는 플랫폼 노동자가 자영업자로 잘못 분류됨에 따라 노동자에게 응당 주어지는 기본적 권리와 사회적 보호에서 배제된다는 데 있다.

대리기사는 본인이 일하고 싶은 시간에 자유롭게 일할 수 있다는 이유를 들어 자영업자라고 말하는 이들이 있다. 그러나 이는 잘못된 정의이다. 대리기사는 일하는 시간과 업무의 양을 본인이 선택할 수 있을 뿐이다. 노동자는 생산 수단을 소유하지 못하고, 노동을 판매하여 그 대가인 임금으로 생활하는 사람이다. 즉, 독자적인 생산 수단을 갖지 못하고, 사용자에게 종속적 관계로 고용되어 임금을 받는 사람이 노동자다. 따라서 대리기사도 생산 수단 즉, 플랫폼이나 대리운전 회사를 소유하지 못하는 상황에서 항상 노동자인 것이다. 또한 종속적 관계로 고용되어 소득을 확보한다. 정기적인 급여생활자처럼 받는 월급의 방식과 형태가 다를 뿐, 운전이라는 노동을 제공하여 소득을 확보한다는 차원에서 대리기사는 노동자다.

또한 대리기사는 운전 노동력을 제공하지만, 그 노동력에 상응하는 대가, 즉 대리운전 비용을 결정할 권한을 단 1%도 갖고 있지 않다. 또한 자영업자는 거래와 흥정을 자유롭게 할 수 있으나 대리기사는 '거래와 흥정'의 자유가 보장되지 않은 채 플랫폼에 등록된 노무를 그때그때 선택하여 고객에게 제공할 뿐이다. 플랫폼 측과 고객이 합의하고 올린 운행 시간, 운행 거리, 운임 등을 대리기사는 수행만 할 뿐 운임에 대해 결정할 권한, 즉 거래와 흥정은 대리기사의 몫이 아니다. 따라서 대리기사는 자영업자가 아닌 노동자다.

플랫폼이 제공하는 온라인 공간은 한편에서 보면 수요와 공급이 만나는 시장의 역할을 수행하지만, 다른 한편에서 보면 알고리즘을 관리함으로써 명령을 하달하는 기업과 유사한 형태다. 그래서 플랫폼 자체는 일종의 기업과 같다. 그런 플랫폼에서 일거리를 부여받아 고객에게 노동력을 제공하는 것이니만큼 당연히 대리기사는 노동자다. 플랫폼이 단순한 시장의 기능뿐만 아니라 기업의 사용자 기능이 훨씬 강하다는 데 이견은 없다. 전국대리운전노동조합은 민주노총 서비스연맹에 소속되어 있으며 형식으로는 고용노동부에 노조설립이 신고 된, 즉 노동자의 신분이다. 즉 대리운전기사 자체가 노동자성을 인정받은 노동자라는 이야기다. 또한 카카오모빌리티도 불성실한 교섭에 질타는 받고 있으되 대리기사를 노동자로 인정하고 있기에 노조 측과 각종 협상을 진행하고 있는 엄연한 사용자의 신분이기도 하다. 대리기사들은 억울하다. 분명히 노동자처럼 업체의 관리 하에 일하고 그 대가로 수수료란 이름의 임금을 받고 있지만 법적으로는 노동자가 아니기에 각종 사회적·법적 보호에서 제외되고 있기 때문이다.

  기술이 발달하고 고용관계가 복잡해지면서 전통적 방식의 정규직 고용관계 대신 다양한 형태의 비정규직이 나타나고 있으며, 그중 하나가 특수고용이다. 어쩌면 이러한 현상은 역사적인 흐름인지도 모른다. 세계적으로 직업이나 직장의 형태가 매우 다양해지고 있으며, 앞으로 전통적인 고용관계로 되돌아갈 수 있을지 확신할 수 없다. 그러나 고용관계 여부, 즉 노동자인지 자영업자인지를 떠나 국가는 모든 구성원에게 열심히 일한 대가로 최소한 안전하게 살아갈 권리를 보장해야 하며 이유 없이 혹사당하지 않도록 보장해야 한다. 이런 점에서 우리나라는 대리기사를 비롯한 특수형태근로종사자들에게 너무 가혹한 것은 아닌지 묻고 싶다.

  얼마 전 내가 만난 대리기사는 이런 말을 하기도 했다.

"나는 노동자도 아니고, 그렇다고 자영업자도 아니다. 나는 가끔 아무것도 아닌 사람이라고 느낀다."

  대리기사가 느끼는 절망과 상실을 우리 사회가 어루만져줄 수는 없는 것일까.

고래 싸움에 터지는 새우 등

    2023년 6월 고용노동부 산하 노사발전재단에서 주최하는 노동약자 간담회에 참석한 적이 있다. 조직화되지 않은 노동자를 보호하고 그들의 이야기를 듣기 위해 만들어진 자리였다. 사전에 SNS 등으로 신청한 이들을 초청해서 간담회를 하는 식이었다. 전국에 흩어져 일하고 있는 각종 플랫폼 노동자의 하소연을 듣기 위한 자리였으며, 인천에서는 6월에 개최된 것이다. 대리기사로는 내가 유일한 참석자였다. 100여 명이 참석한 이 자리에서 조별 분임 토의하는 시간이 되었을 때 나는 대리기사가 처해 있는 열악한 상황과 여러 문제점을 나열하며 지적해 주었다.

    이후 8월에는 '노동약자 원탁회의'라는 이름으로 장관과의 대화가 진행되었다. 당시 이정식 고용노동부 장관이 플랫폼 노동자의 이야기를 듣기 위해 자리를 만든 것이다. 아마도 내가 초청된 것은 6월

간담회 당시 나의 발언이 인상적이었기 때문일 것이다. 장관과 8명의 플랫폼 노동자가 대화를 이어갔다. 6월에 내가 했던 발언들도 정리되어 보고서 형태로 만들어져 있었다. 하지만 내가 말했던 핵심적인 내용은 빠진 채, 장관에게는 이동노동자의 쉼터 관련 내용만 전달되었다. 뿐만 아니라 '대리운전업계의 주무 부처가 고용노동부인가 국토교통부인가'라는 이야기로 논점이 흐려진 상황이 발생하기도 했다. 고용노동부가 주최한 자리에 초청해 놓고 자신들이 주무 부처가 아니라고 한다면, 도대체 왜 그 자리에 초청한 것인가. 이렇게 해당 부처가 '발뺌'까지 하는 상황이었다. 심지어 '대리운전업기본법'이 아직도 존재하지 않는다는 사실조차 그들은 모르고 있었다. 대한민국 정부와 공직자의 한심한 현주소를 목도한 것이다. 정권의 생색내기용 원탁회의가 만들어졌지만 결국 생색내기도 제대로 하지 못한 채 나를 비롯한 몇 명의 플랫폼 노동자들에게 망신만 톡톡히 당한 자리이기도 했다.

현재, 대리운전 시장은 사실상 두 거대 기업의 각축장이다. '카카오T대리'라고 불리는 카카오모빌리티와 '티맵대리'라고 불리는 티맵모빌리티가 양대 축이다. 앱으로 호출하는 대리운전 시장을 석권한 카카오T대리는 전화콜 시장을 잡기 위해 1577까지 인수했으며 '콜마너'라는 이름의 플랫폼도 인수한 상태다. 한편 티맵대리 또한 대리운전 회사들의 연합체인 로지소프트를 인수해 두 대기업이 시장의 일인자 자리를 두고 치열한 싸움을 계속하고 있다. 그런데 그들은 사실 대리운전 업계를 키우려는 의도보다 자신들의 몸집을 불려 사모펀드에 매각하는 것을 우선순위에 두고 있는 상황이다. 현실이 그러하다 보니 대리운전 업계에서는 고래 싸움에 새우 등 터지듯 대리기사들만 극한 노동으로 내몰리고 있다.

그 원인은 간단하다. 대리운전 업계를 규제하거나 보호할 기본 장치가 없기 때문이다. 이미 택시업계는 1963년 택시운송사업법을 마련하여 법과 제도로 적절한 조치를 취하고 있다. 처음 만들어진 이후 수많은 문제점이 지적되어 개정과 재개정 등의 과정을 거치며 오늘에 이르고 있다. 아직도 여러 가지 문제가 존재하긴 하겠지만 어느 정도 상설화되어 시스템으로 돌아가는 체계이기에 대리운전 업계처럼 불법이 만연하고 무법천지가 계속되는 일은 없다.

전국적으로 3~4천 개에 달하는 대리운전 회사와 1만 개 정도로 추정되는 대리기사 호출용 전화번호, 그리고 이미 30만 명에 육박하는 대리기사의 숫자를 놓고 보더라도 업계를 관리·통제할 수 있는 적절한 법 제정이 매우 시급한 상황이다. 현재 25만 명에 달하는 택시 기사 숫자보다 더 많은 대리기사의 존재가 법 제정의 필요성을 말해준다. 또한 '특수고용노동자'라는 모호한 형태로 대리운전 노동자를 규정하자니 제약이 많다.

대리운전업기본법(이하, 기본법)이 논의되기 시작한 것이 2008년부터지만 16년이나 흐른 지금까지 매번 발의 후 폐기 절차만 거치면서 아직도 만들어지지 않았다는 것은 국회의 게으름과 정부의 무능력 외에는 답을 찾을 수 없다. 또한 대리운전 회사들의 로비도 한몫했음을 부정할 수 없다.

기본법은 **우선**, 공제조합을 만들어 대리기사들이 불이익을 당하지 않고 정상적인 방법으로 보험에 가입할 수 있도록 규정해야 한다. 택시나 버스의 경우 별도의 공제조합이 있기에 해당 공제조합에 보험 가입하는 형식으로 혜택을 받는다. 그러나 대리기사의 경우 사용하는 앱에 따라 이중 삼중으로 보험료를 내기도 하고, 보험료 일부를 대리운전 회사가 착복하는 경우도 비일비재하다. 이런 폐단을 막기 위해 대리기사 1인 1보험 체제를 구축할 필요가 있다. 공제조합 설치를 의무화하면 대리기사뿐만 아니라 시민 모두를 보호할 수 있는 안전장치가 될 수 있다.

둘째, 대리기사 일을 할 수 있는 자격증 제도를 도입해야 한다. 버스나 택시처럼 대리운전도 일종의 운수업이다. 운수업을 하기 위해서는 그에 필요한 교육과 시험이 수반되어야 한다. 그래야만 고객들에게 수준 높은 서비스를 제공할 수 있으며 논란이 될 수 있는 대리기사의 유입을 막을 수 있다. 또한 운전면허 취득 후 3년 이상의 보유기간을 설정하여 대리기사 업무를 수행할 수 있도록 해야 한다. 면허 취득 후 곧바로 대리기사 일을 한다는 것은 본인에게도 시민에게도 위험천만한 일이 될 수 있기 때문이다. 또한 대리운전업기본법과 도로교통법 등의 교육을 이수하고 관련 시험을 통과해야만 대리기사를 할 수 있도록 자격요건을 강화하는 것이 필요하다.

셋째, 대리운전 회사의 자격도 강화해야 한다. 자본금 한 푼 없이 전화기 한 대로 대리운전 회사를 운영하는 곳도 상당수다. 이는 곧 대리기사를 향한 착취로 이어진다. 대리기사에게 각종 관리비와 경조사비, 프로그램 사용료, 보험료 등의 명목으로 매월 15만 원 이상을 뜯어가는 대리운전 회사들이 수없이 많다. 이들은 운행 수수료 20% 외에도 이런 방식으로 대리기사의 주머니를 털고 있다. 따라서 대리운전 회사를 운영하기 위해서는 자본금 요건을 1억 원 정도로 높여야 하며 대리기사 1인당 1평(3.30제곱미터) 정도의 휴식 공간을 보장하도록 의무화해야 한다.

특수고용노동자라는 용어는 2003년 노사정위원회에 '특수형태근로종사자 특별위원회'가 만들어지면서부터 공식적으로 사용되고 있다. 한국비정규노동센터의 연구 결과를 보면 2015년 기준, 우리나라 전체 직종 중 156개 직종에서 특수고용 형태가 발견되며 약 230만 명의 특수고용노동자가 존재한다. 10년 전 수치이니 이를 현재 시점으로 계산해본다면 약 200개 이상의 업종에서 300만 명 이상의 특수고용노동자가 존재하는 것으로 추정된다. 이중 대리기사는 전체의 약 10%에 이를 정도로 그 비중도 크며 숫자도 계속 늘고 있다. 특수형태 노동자는 사용자 측에서 자영업자라고 주장하지만 당사자 입장에서는 엄연히 사용자에게 노동력을 제공하는 노동자다. 특히 대리기사의 경우 플랫폼의 규정과 지시를 따르게 되며 그들의 근로 감독과 통제에 따라야 하는, 분명한 노동자다.

2024년 9월 23일 전국대리운전노동조합은 국회 앞에서 카카오모빌리티를 규탄하는 기자회견을 개최했다. 현재 카카오모빌리티는 노조 측이 주장하는 대리운전 기본운임 현실화, 거리별·구간별 운임 정상화, 고객들의 노쇼(대리 취소)와 대기시간에 대한 보상, 공정하고 안전한 배정정책, 대리운전 보험 개선 등의 요구사항에 소극적인 자세로 일관하는 중이다. 특히 카카오 측은 운임과 배정정책은 회사 고유의 경영권이라며 교섭 대상이 아니어서 합의할 사안이 아니라고 맞서는 상황이다. 대리기사의 수입이 자신들의 고유권한이라고 주장하고 있는 것이다. 기업에서 일하는 노동자도 연봉계약을 할 때 협상을 하며 그 협상에 따라 노동자는 자신의 월수입뿐만 아니라 연간수입이 정해지고 이에 맞춰 가정 생계를 꾸리게 되는데, 대리기사는 대리운전을 통해 벌어들이는 수입을 결정할 단 1%의 권한도 없으니 소득 예측이 갈수록 어려워지는 상황이다.

한편, 카카오모빌리티는 2023년 매출 6,081억 원에 영업이익 387억 원을 기록했다. 대리기사의 고혈로 이루어낸 성과다. 카카오모빌리티가 대리운전 시장의 절반 정도의 점유율을 가진 것으로 추정되는 상황에서 전체 대리운전 시장 규모는 연간 1조 2천억 원이 넘는 것으로 보고 있다.

운수노동자인가, 감정노동자인가

　대리기사를 시작했던 첫 삼일간의 강렬했던 기억을 나는 지금도 잊을 수 없다. 북풍과 한파가 살아있는 모든 생명체를 움츠리게 만드는 1월, 검은색 롱패딩을 입고 대리기사 일을 시작했다. 심각한 추위가 그다지 의식되지 않는, 마치 길거리에 뿌려진 돈을 쓰레기 줍듯 주우러 다니는 느낌이었다. 시작한 지 얼마 되지 않아 전혀 개념이 없던 시기이기도 했다. 다음 날 아침이면 어김없이 직장으로 출근해야 했기에 자정 이전에는 대리운전을 마치고 귀가를 서둘렀다. 길거리에 뿌려진 돈을 더 주워야 하는데, 누군가에게 빼앗긴 것 같은 어처구니없는 아쉬움, 이렇게 괴상한 감정으로 대리운전 업계에 발을 들여놓은 것이다.
　며칠간의 휴식을 취한 후 불타는 금요일, 다시 돈을 주우러 간다는 생각에 내심 기대와 흥분이 가득했다. 그렇게 이틀간 주말 밤을 새우고 일요일이 되었다. 인터넷 언론사에 다음날 송고할 기사를 쓰기 위해 책상에 앉았다. 내가 기사를 쓰는 건지 꿈속에서 타이핑을 하고 있는 건지 모를 정도의 비몽사몽이 나를 지배하고 있었다. 그때부터 나의 몸은 야간 대리운전을 거부했지만 나의 영혼은 이미 수도권 이곳저곳을 떠도는 대리기사가 되어가고 있었다.

 대리운전을 시작한 후, '출근한다'라는 말이 나에겐 왠지 낯설기만 하다. 네이버 국어사전은 '일터로 근무하러 나가거나 나옴'이라고 출근을 정의한다. 그런데 대리기사의 일터는 어디인지 가늠이 되지 않는다. 번화가 어느 곳, 차주의 차가 세워진 주차장 또는 주차 공간일 수도 있다. 그곳에서 시작해 내비게이션이 가장 빠르고 정확하게 안내해주는 도로가 대리기사의 일터이며, 차주가 요청하는 목적지까지가 일터다. 또한 그곳에서 다음 콜을 기다리며 번화가로 이동하는 길도 대리기사의 일터다.
 이렇게 무한 반복되는 일이다 보니 딱히 정해진 일터로 출근한다는 의미가 약할 수밖에 없다. 대한민국의 주차장과 번화가 그리고 대로변과 이면도로가 모두 대리기사의 공간이기도 하다. 직장인들에겐 정해진 일터가 있지만 대리기사의 일터는 한마디로 정의하기 쉽지 않다. 퇴근도 그런 느낌이다. 그래서 출근과 퇴근보다 '시작'과 '귀가'라는 단어가 오히려 더욱 친근함과 착용감을 주기도 한다.
 대리기사 일일 업무시간은 보통 10~12시간 정도다. 밤 7~8시에 시작해 아침 6~7시까지, 전업 기사들의 경우 하루 절반의 시간을 길거리에서 보낸다. 약 80% 이상의 전업 대리기사가 이 경우에 해당한다. 나는 주말일 경우 보통 밤 8시 정도에 일을 시작하여 귀가하면 아침 6시 정도가 되니 10시간을 대리운전 일에 할애하는 셈이다. 주중에도 지하철 막차 이전에 일을 마쳐야 한다.

낮부터 시작하는 대리기사들도 있다. 그들을 보통 '골기'라고 부른다. 골프장 대리기사라는 말로, 골프장 손님의 일일 수행 기사 정도라고 할 수 있다. 일일 수행 기사가 아니더라도 골프장 주변에서 골프장 손님을 기다리며 낮시간부터 대리기사 일을 도모하기도 한다. 탁송업무도 낮시간 대리운전자의 몫이다. 탁송이란 차주가 승차하지 않은 채로 고객이 원하는 위치까지 차량을 운행해 주는 일을 말한다. 주로 중고차 거래에서 많이 이용된다.

대리기사의 일이 운전 업무가 전부라고 생각한다면 오산이다. 운전은 친절한 내비게이션의 안내로 핸들만 조작하면 되는 일이니 차라리 어렵지 않다. 대리기사는 밤샘 노동의 고통보다 때로는 취객의 흐느적거리는 소리가 더 불편하다. 독특한 차주를 만나면 운행 시간 내내 잔소리와 술주정을 감내해야 한다. 조용히 잠만 자는 고객도 있지만 고객이 지껄이는 소음 때문에 운전은 피로와 위험의 연속이다.

이런 이유로 대리운전은 감정노동에 훨씬 더 가깝다. 사람을 상대하는 직업이 대부분 그러하듯 대리기사도 감정노동을 빗겨 가지 않는다. 맨정신의 인류를 상대하는 것이 아니라 알코올에 취해 정신줄까지 놓아버린 만취 상태의 고객을 상대해야 하기에 감정노동자 중에서도 최상위를 차지하는 극한직업이다. 예를 들면 감정노동자로 법적인 인정과 보호를 받는 콜센터 상담원의 경우엔 고객과의 통화가 자동으로 녹음된다. 그러나 대리기사는 사람을 상대하는 감정노동자임에도 불구하고 그런 대접을 받지 못한다. 게다가 핸드폰으로 내비게이션을 켜야 하기에 욕설과 막말하는 고객의 녹취 자체가 쉬운 일이 아니다.

만취 고객의 갑질에서 대리기사도 보호받아야 한다. 하지만 대리기사는 감정노동의 사각지대에 놓여 있다. 더욱이 운행 중 벌어지는 차주의 폭언이나 욕설 등으로 사고의 위험이 항상 도사리고 있다. 갑질하는 고객이 대리기사의 옆자리에 앉아 갈 땐 위험에 가중치가 붙기도 한다. 굳이 물리적인 폭력이 아니라고 하더라도 만취한 고객을 운행 중인 대리기사가 제어하기란 불가능에 가깝다.

물론 폭언하는 고객보다 친절한 고객이 더 많고, 갑질하는 고객보다 배려해주는 고객이 훨씬 많으며, 만취 상태에서도 시끄럽게 잔소리하는 고객보다 차에서 조용히 잠을 청하는 고객이 더 많은 것이 사실이다. 수고한다며 커피 한잔, 담배 한 대 건네는 고객도 있고 귀갓길 택시비 하라면서 돈 만 원 찔러주는 고객에게는 언제나 감사한 마음 가득하다. 그렇게 사회적 약자를 대하는 우리 사회의 인식과 제도가 좀 더 개선되기를 바라는 마음이다.

대리기사의 일상은 기다림의 연속이다. 그래서 우리는 스스로를 '대기'기사라고 부른다. 고객이 대리기사를 호출할 때까지 무작정 기다려야 한다. 대리 수요가 많지 않은 날, 또는 오지에 배차될 경우엔 대중교통도 끊긴 상태에서 1시간 이상을 기다림으로 허비하는 일이 다반사다. 호출이 와서 출발지에 당도한들, 일행과의 부족한 수다가 한 모금의 담배 연기와 함께 사라질 때까지 도낏자루 썩는 줄 모르는 고객들은 운행을 시작하려는 대리기사의 재촉에도 아랑곳하지 않는다. 이렇게 하염없이 기다려야 하는 직업이 대리기사다. 이 또한 감정노동의 연장선에 있는 것이다.

이런 기다림의 경우도 대리기사 운행비에 포함시켜 운행비를 현실화해야 한다. 또한 전국대리운전노동조합은 고객의 사정으로 대기시간이 길어지는 경우, 대리운전 플랫폼인 카카오나 로지 측에 최소한의 보상을 요구하는 중이다. 하지만 플랫폼 운영사는 답을 내놓지 않고 있다.

대리기사는 다음 운행을 위해 고객이 있을 만한 곳으로 이동을 반복해야 한다. 게다가 대기 중인 상태에서 콜이 울리면 고객이 부른 곳까지 또다시 이동한다. 나는 그 이동을 주로 도보로 해결한다. 이런 이동이 가장 고통스러운 부분 중 하나다. 물론 공유 자전거가 주변에 있을 땐 이용할 수 있지만 그렇지 않은 경우가 대부분이다. 헬스케어 앱에서 확인해보면 나는 매일 1만 보 이상을 걷고 있는 것으로 기록되고 있다. 이것은 운동이 아닌 노동의 영역이다. 그렇게 하루에도 반복되는 발걸음이 대리기사들의 마음과 무릎을 갉아먹는 원인이 되기도 한다. 그래서 대리기사는 운수노동자이자 감정노동자인 셈이다.

새벽이슬 맞으며

사람은 햇빛을 보며 생활하고 어둠 속에서 잠을 잔다. 잠은 신체와 정신의 회복을 위해 꼭 필요하다. 낮에 노동을 하고 저녁과 휴일에는 휴식을 취해야 하며 밤에 잠을 자야 한다. 이러한 생활 패턴이 생체리듬에 가장 적합하다고 알려져 있다. 그동안 태초의 인류부터 축적되어 온 방식이다. 생체리듬을 거스르는 삶을 살면 호르몬 분비의 변화를 유발하고 이로 인해 건강 문제가 발생한다. 그래서 야간에 노동하는 것, 불규칙한 노동을 하는 것은 가능한 한 없어야 한다.

2년간의 대리운전을 통해 내 몸에는 일종의 변화가 일어났다. 바로 이명현상과 수면장애다. 이명은 오래전부터 간간이 있는 문제였지만 지금은 눈을 뜨고 생활하는 매일 매시간 이명에 시달린다. 또한 밤늦게까지 일하는 비정상적인 생활 패턴 때문에 수면 부족과 불면증으로 늘 고통스럽다. 대리운전을 시작한 후부터 몸에 활기를 느껴본 경우가 거의 없다. 매일 야간 대리운전을 하는 이들의 공통된 느낌이기도 하다.

2007년부터 세계보건기구(WHO) 산하 국제암연구소(IARC)에서는 야간노동을 2급 발암 물질로 지정하고 있다. 알루미늄 공정, 간접흡연, 튀김 과정, 야간노동 등이 이러한 목록에 포함되어 있다. 음식물 형태로 섭취하거나 코로 흡입하는 경우가 아닌 노동의 형태가 발암 물질로 지정된 건 야간노동이 유일하다.

사실 30분 야근하는 사람과 매일 야간노동에 종사하는 사람은 천양지차다. 대리기사가 이 경우에 해당한다. 밤에 일하고 낮에 잠자는 것이 말처럼 쉬운 건 아니다. 정상적인 수면을 취하고 싶지만 대리기사의 수면은 거의 낮잠과 흡사하여 장시간 깊은 잠에 빠지기 매우 어렵다. 대리기사의 가정에 암막 커튼 같은 게 있다면 좋겠지만 그렇지 않은 가정이 훨씬 많기 때문이다. 새벽이슬 맞으며 하는 일이 단지 밤샘 노동 그 자체 때문에 피곤한 것만은 아니다. 수면 부족이 더 큰 문제다.

19세기 초, 전기와 전등이 발명된 이후로 인류는 어둠에서 벗어났다. 주야의 지배를 벗어난 인류는 과거와 다르게 하루 24시간을 온전히 활용할 수 있게 되었다. 동시에 증기기관의 발명과 산업화가 이어지면서 자본가들은 더 높은 생산성을 위해 공장을 24시간 가동하기 시작했다. 노동자의 입장에선 낮에 일하고 밤에 자는 게 당연했던 전통적인 근무 형태와는 또 다른 세상이 펼쳐진 것이다.

 시간이 흘러 자동차의 대중화가 이루어지면서 도로 상태는 혁명적으로 개선되었다. 자동차와 알코올의 결합으로 음주운전이라는 범죄와 대리운전이라는 새로운 형태의 야간노동이 만들어졌다. 여기에 스마트폰이 가세했다. 대리기사라는 직업도 결국 인간이 산업화에 예속되는 연장선상에 있다. 어둠의 세계가 사라지고 빛의 세계만이 존재하면서 대리기사들은 매일 밤을 새우다 보니 항상 피곤하고 일상이 물에 젖은 스펀지처럼 축축하다. 보통 야간노동이라 함은 밤 10시부터 익일 오전 6시까지 사이에 통상적으로 일하는 근무 형태를 말한다. 오랜 기간 야간노동과 교대근무가 노동자의 건강에 부정적인 영향을 끼칠 수 있다는 것은 비단 전문가의 말을 빌리지 않아도 이젠 상식이 되었다.

 과거엔 특정한 공간에서 정해진 야간노동자에게 해당되는 말이었지만, 야간노동이 항상 정해진 공간에서만 이루어지는 것이 아니다. 이동노동자의 경우 전국의 도로가 그들의 일터다. 그러다 보니 대리운전, 배송, 배달 서비스 등에서 나타나는 야간노동은 산업의 구조적 변화, 임금 시스템의 다양화, 플랫폼 세상의 새로운 고용 문제와 연관하여 지속적인 증가 추세에 있다. 여러 나라에서 영업시간 규제나 야간노동에 대한 제한 등을 통해 야간노동이 확대되는 것을 막고 있지만, 우리나라는 이를 규제하는 법이 없다. 한 달에 20일 넘게 야간

노동을 해도 이를 못 하게 할 근거가 없다. 어떤 대리기사는 한 달에 30일간 쉼 없이 야간노동을 하기도 한다. 그런 상황이니 육체와 정신이 온전할 리가 없다. 참으로 안타까운 일이다.

 야간노동을 규제하는 법이 없다고 하더라도 노동조합 같은 조직된 노동자들은 야간노동에 최소한의 안전장치를 두고 있다. 그러나 노조가 없는 소규모 사업장이나 특수고용직 같은 불안정한 고용 형태를 가지고 있는 노동자들은 야간노동만을 고정해서 하거나 야간노동을 주로 하고 있다. 생계유지를 위해 노동자들이 야간노동을 선택할 수밖에 없다는 점과 고용의 진입장벽이 낮은 점을 이용해 대규모 인력을 뽑아 야간노동을 고정시키고 노동자들의 안전과 건강을 소홀히 하는 산업이 대폭 늘어나고 있는 상황이다. 바로 이동노동자의 플랫폼이 대표적인 예라고 할 수 있다.

 야간노동은 그냥 생겨나지 않는다. 이것을 만들어내는 자본주의 시스템이 도사리고 있다. 이들은 기술과 자본을 동원해 국민들에게 새로운 서비스, 더 좋은 서비스를 제공한다고 홍보하며 야간노동이 만들어지는 것을 정당화한다. 예를 들면 새벽 배송의 편리함을 위해 야간노동이라는 불편이 만들어지는 것은 문제라고 생각하지 않는 것이다. 음주 후 편안한 귀가를 위해 야간 대리운전이라는 불편한 노동을 문제시하지 않는다. 누구나 일할 수 있고, 그래서 엄청난 고용을 만들어 내고, 야간노동을 통해 임금을 더 많이 받고자 하는 노동자들에게도 이익이라고 주장한다. 특정한 회사에 종속되어 일하던 대리기사들이 새로운 형태의 고용체계인 플랫폼이 만들어지면서 야간노동을 더욱 체계적으로 할 수 있게 되었다고 부풀린다. 여기에 카카오 같은 플랫폼의 과장광고가 횡행하면서 불경기 여파로 대리기사 수는 엄청난 증가세가 계속되고 있다.

WHO가 지정한 것처럼 발암 물질을 취급하는 사업장에서 일하는 것이 매우 위험한 일이듯, 야간노동은 건강을 해치는 엄청난 위험요인이다. 그러나 야간노동이라는 위험요인을 관리하는 위험평가나 관리방안은 마련되어 있지 않다. 대리운전이라는 업종을 없앨 수는 없을 것이다. 직업선택의 자유를 제한하는 것일 뿐만 아니라 이미 대한민국 국민 중 30만 명이 종사하고 있기 때문이다. 전업이건 부업이건 생계와 소득을 위해 스스로 선택한 일이다.

그러나 단지 플랫폼의 이익을 늘리는 목적으로 대리기사라는 직업이 존재해서는 안 된다. 대리기사는 우선 취객의 안전한 귀가를 위해, 그리고 음주운전이라는 범죄의 예방 차원에서 존재해야 한다. 그러자면 야간노동으로 인한 대리운전 노동자의 안전과 건강 문제를 위한 노동조건이 마련되어야 하고, 이를 지원하고 강제할 수 있는 사회적인 대책도 반드시 필요하다.

대리기사의 퇴근길

　여름철 갑작스러운 소나기를 피해 처마 밑을 찾거나 한겨울 북풍한설을 피할 수 있는 곳을 찾는 것은 모두의 인지상정일 것이다. 대리기사도 역시 소망하는 일이지만 그 쉽고 단순한 명제가 쉬운 일이 아니다.

　비 오는 밤 새벽 3시, 어느 외진 곳에 도착해 비를 피할 곳을 찾던 중 상가건물이 눈에 들어왔다. 갑작스레 맞이한 장마철 소나기였기에 우산을 챙기지 못해 비에 젖은 처량함이 쉰내와 더해져 걸인의 행색처럼 보였을 것이다. 마침 순찰하던 건물 경비소장은 나를 노숙자 취급하며 밖으로 쫓아냈다.
　한겨울에도 비슷한 일은 이어진다. 늦은 새벽 외진 곳에 도착하면 추위를 피할 곳이 없다. 모든 상가는 문이 닫혀 있고 새벽 첫차가 다니려면 아직 몇 시간 정도를 기다려야 하는데 한파를 막아줄 곳은 보이지 않는다. 24시 은행 무인 점포를 찾아서 앉아있기도 하고 무인 빨래방에서 잠시 눈치를 보며 쉬기도 하지만 허락된 시간은 길지 않다. 외진 장소에서는 그런 곳도 존재하지 않는다. 그 시간 정도 되면 대리기사를 찾는 취객도 뜸하다. 지금도 전국의 주요 도시 일부에 이동노동자 쉼터가 있지만 그 숫자는 턱없이 부족하다. 주요 도로 버스 정류장에 비바람과 한파를 피할 수 있는 이동노동자 쉼터를 만들어 달라고 요청해 보기도 하지만 노숙자의 아지트가 될 우려가 있다며 지자체에서는 대리기사 노조 측의 요청을 거절하였다.

지난여름 장마철에는 갑작스럽게 쏟아진 비를 피하려고 횡단보도 사거리의 그늘막에 있었다. 금세 그칠 것으로 생각했던 비는 30분이 지나도 그치지 않았다. 이때 대리기사를 찾는 콜이 요동쳤다. 잠시의 망설임 끝에 수락 버튼을 누르고 고객이 있는 출발지로 이동하기 위해 우선 편의점에 들렀다. 우산을 사서 펴들고 고객에게 달려가고 있었다.

그런데 고객이 요청한 장소 인근에 도착할 무렵 고객은 갑자기 콜을 취소해버렸다. 게다가 멈출 기미가 보이지 않던 비는 언제 내렸냐는 듯 그치고 말았다. 이렇게 황당하고 난감할 수 있을까. 결국 그 날은 귀찮은 우산을 밤새 들고 다녀야 했다. 전국대리운전노동조합은 고객의 사정으로 콜을 취소한 경우에 대리기사에게 적당한 보상을 해야 한다고 요구하고 있으나 플랫폼 운용사는 요지부동이다.

2024년 6월 21일은 하지였고 금요일이었다. 역대 하지 중 가장 더운 날이기도 했다. 그날 구파발에서 장흥유원지로 가는 대리운전을 하게 되었다. 새벽 2시 가까운 시간 즈음 출발했다. 초행길이라 불안하긴 했으나 그래도 유원지라는 안도감이 있었다. 분명히 다른 지역으로 이동할 대리 수요가 있을 거라는 경험상의 믿음이었다. 여름날 주말의 유원지는 어딜 가든 북적이게 마련이며 장흥유원지도 크게 다르지 않을 것이라는 자기 위안을 하며 목적지에 도착했다. 그러나 난생처음 가본 장흥유원지는 마치 유령의 도시처럼 변해있었다. 상가 불빛은 모두 꺼져 있고 취객은 흔적조차 보이지 않았으며, 몇 개의 호텔마저 그나마 지도에만 존재하듯 암흑에 휩싸여 있었다. 대한민국 불경기를 장흥유원지가 상징하고 있는 듯했다.

고객을 내려주고 담배 한 개비 피워 물자 한숨부터 나왔다. 낯선 곳은 도심이 아니면 가지 않기로 했던 스스로의 다짐이 무너진 것에 대한 한탄이었고, 이곳까지 나를 끌고 온 손님에 대한 원망이었다. 주변에 있을지 모르는 대리기사를 찾았다.

근처에 앉아 15분여를 기다리니 나처럼 누군가를 내려주고 그곳을 탈출해야 할 걱정에 답답함을 토로하는 동료 대리기사를 만나게 되었다. 함께 택시를 타고 이동하자고 했다. 2시가 넘으면 할증 비율도 줄어드니 그때 택시를 잡기로 합의했다. 그 기사님은 나에게 음료수까지 사주면서 친절을 베풀었다. 마침 또 한 명의 대리기사가 도착했다. 셋이서 일산 방향으로 가는 택시를 잡아타고 그곳을 탈출하기로 했다. 이런 방식으로 대리기사는 낯선 공간을 탈출하기도 한다.

 그런데 3킬로미터 떨어진 곳에서 대리운전 콜이 울렸다. 성북구 돈암동으로 가는 경로였다. 나는 그 콜을 기어이 잡고야 말았다. 괜찮다며 얼른 고객 있는 곳으로 가라는 동료 대리기사의 마음 쓸쓸이에 내가 뒤통수를 친 꼴이었다. 함께 탈출하기로 한 동료를 배신하고 나 홀로 그곳을 빠져나가는 찜찜함이 짓눌러 왔다. 택시를 타고 고객이 있는 곳으로 향했지만 미안함이 가시지 않았다. 음료까지 사준 동료 기사를 배신하는 느낌 같은 것이었다. 그날은 결국 돈암동에서 심야버스를 타고 이동하면서 귀갓길에 올랐다.

 '시작은 미약하였으되 끝은 창대하리라'라는 말로 성경은 많은 이들의 아픔을 위로하거나 동기부여의 구실로 삼기도 한다. 심지어 이 글귀는 자본주의의 속성과 결합하여 인간의 탐욕을 자극한다. 그러나 대리기사의 하루 일과에서 그 시작은 미약하고 끝은 더없이 처량하다. 바로 귀갓길 때문에 나타나는 필연적인 현상이다.

 대리기사에게 피크 타임은 밤 9시 무렵부터 새벽 1시 이전이라고 할 수 있다. 자정이 지나면 대리운전 수요는 현저히 줄어든다. 이미 대중교통마저 끊긴 상황이라 다음 행선지를 고민할 수밖에 없다. 물론 2시 이후에도 간간이 수요가 있기는 하다. 그래서 어떤 대리기사는 대중교통의 시작 시간까지 움직이지 않고 상가 불빛이 꺼지지 않는 곳에서 끝까지 콜을 기다리기도 한다. 그러나 대체로 2~3시 이후엔 다음 대리운전 행선지로 이동하거나 귀가를 선택한다.

운행을 종료한 지점이 다시 콜을 잡기 괜찮은 곳이라면 그곳에서 새로운 콜을 기다리며 운행을 계속하다 새벽에 첫차를 타고 귀가한다. 또한 대리기사 전용 셔틀버스를 이용하기도 한다. '호출버스'라는 셔틀버스 앱에서 노선을 확인할 수 있다. 요금은 3천~4천 원 정도로, 심야나 새벽 시간대에 소형 버스들이 돌아다니면 거의 십중팔구 대리기사 셔틀버스라고 보면 된다. 그러나 이 호출버스도 주로 유흥업소 가득한 번화가 상권 중심으로 운행한다. 예를 들면 합정역에서 출발하여 부천 상동으로 이동하는 식이다. 결국 더 많은 콜을 수행하게 만드는 다분히 자본주의적인 방편일 뿐, 직접 귀갓길을 지원하는 형태라고 할 수는 없다. 그나마 이 셔틀버스 운행조차 불법과 합법의 경계선에 위치한다.

대리기사끼리 택시 카풀을 하기도 한다. 셔틀버스가 운행하지 않는 곳에서는 주변의 대리기사와 함께 이동한다. 카카오 대리기사용 앱에서 '함께 가기' 기능을 이용하는데 보통 세 명 정도가 방향을 맞춰 움직인다. 이 기능을 이용하면 주변의 대리기사 숫자까지 알 수 있다. 상당히 유용한 기능인 것은 분명하다. 대리기사들에게 편의를 제공하는 용도도 있지만 플랫폼의 돈벌이를 위해 만든 기능인 것도 분명하다.

2인 1조로 활동하는 기사도 있다. A 기사가 고객 차를 대리운전하면 B 기사는 대리운전 후 목적지에 도착한 A 기사를 픽업하고, 다음에는 그 반대로 하는 방식이다. 부부가 함께 대리운전을 하는 경우엔 보통 남편이 대리기사 업무를 수행하고 아내는 남편의 뒤를 따라간다. 2인 1조는 자신들의 승용차로 이동하기에 기동성이 보장되어 좋은 방식이기도 하고 무엇보다도 귀갓길 걱정이 없는 방법이다.

서울의 경우엔 심야버스가 있어서 귀갓길이나 대리기사들의 이동이 다른 지역에 비해 상대적으로 수월하다. 서울에서 대리운전을 할 때 나도 종종 심야버스를 이용하여 이동하기도 한다.

그러나 인구가 이미 350만 명에 육박하는 인천에는 심야버스가 없다. 자정부터 오전 5시 무렵까지 대리기사는 대중교통 없는 사각지대의 시간에 하염없이 발걸음을 반복해야 한다.

고 노회찬 의원이 6411번 버스를 연설 주제로 다루기도 했는데, 지하철 운행이 시작되기 이전인 새벽 시간대에 청소 및 경비 노동자들이 강남의 빌딩으로 출근하기 위해 이용하는 대표적인 노선이었기 때문이다. 인천 계양구에서 부평과 부천을 거쳐 신도림, 여의도까지 가는 노선버스 88번은 오전 3시 50분부터 운행을 시작한다. 해당 노선 인근 거주 대리기사들이 주로 이용하기 때문에 '대리기사들의 셔틀버스'라고 불린다.

대리기사들의 이동과 귀가를 위해 이런 노선버스나 심야버스가 좀 더 많아지면 좋겠다는 생각을 한다. 이미 전국의 대리운전 노동자가 30만 명에 육박하는 상황이다. 이 중 65% 정도가 수도권에서 대리운전을 하고 있다. 대리기사에게도 최소한의 '퇴근길 이동권'이 보장되어야 한다.

지옥의 좀비들

　김포시의 번화가에서 김포시 하성면 ○○리로 가는 호출을 잡은 적이 있다. 김포에서 김포로 가는 길인데 생각보다 운임이 좋았다. 같은 지역 내에서 운행하며 3만 원을 받는 것은 행운이다. 가끔, 차주가 두 군데에 대리기사를 부른 후 더 빠른 대리기사를 잡고 다른 곳을 취소하는 일도 발생한다. 그래서 부리나케 차주에게 전화를 걸었다. 10분 내로 도착한다는 통화와 함께 걸음을 재촉했다. 차주는 예의도 바르고 깍듯했다. 술도 과하지 않게 마신 듯했다. 가는 내내 미안하다는 말을 반복했다.

　내비게이션이 안내하는 곳은 한적한 시골이었다. 갈수록 가로등이 사라지고 있었다. 순간 고라니 한 마리가 눈앞에 번쩍하고 나타났다. 하마터면 로드킬로 영문 모를 생명을 앗을 뻔했다. 20킬로미터를 주행해서 도착한 목적지는 한강과 임진강이 만나는 시골 동네였다. 운행을 마치고 걷는 발걸음에서 주위가 눈에 들어오기 시작했다. 이곳 김포시는 도농복합도시(都農複合都市)로 분류된다. 김포가 원래 대부분 농어촌이고 접경지역이라는 사실을 미처 깨닫지 못한 채 호출에 응한 내 탓이었다.

 이런 곳을 서울로 편입하려 하다니, 자본의 탐욕이 얼마나 더 인간의 욕망을 자극해야 못된 자본주의의 폐단이 해결될 수 있다는 말인가.

'서울로 편입되면 무조건 집값이 올라가겠지.'
'김포 같은 시골도 개발 호재로 우리 집 논밭 팔아서 도시인들처럼 떵떵거리면서 살 테야.'

 자본은 인간을 노예로 만들고 인간은 자본에 길들여진다. 본능에 충실한 자본주의가 종말을 맞을 수 있을까.
 차주의 미안함에 대한 이해와 나의 지리적 무지로 인한 처량함이 몰려왔다. 가로등도 없는 2차선 길을 걷기 시작했다. 앱으로 택시를 호출했지만 나의 고달픔을 위로해 주기 위해 달려오는 택시는 없었다. 체념하며 걷고 있는 등 뒤로 불빛이 느껴졌다. 승용차 라이트가 눈앞으로 다가오는 순간, 급히 태워달라는 몸짓과 함께 손을 흔들었지만 그는 나를 황급히 피해 도망치듯 더 빠른 속도로 멀리 달아났다. 조금 전 나에게 치일 뻔했던 길 잃은 고라니의 슬픔을 생각했다.

인간의 섬에 발을 헛디딘 고라니가 내 처지와 아픔을 위로하듯 멀리서 나를 바라보고 있었다. 좀 더 걸으니 멧돼지 한 마리가 꿀꿀거리며 당황스러운 표정을 짓더니 이내 숲으로 사라졌다.

이렇게 들짐승이 출몰하는 지역에서는 112 신고로 경찰 도움을 받아 안전한 곳까지 이동할 수도 있다고 하는데, 당시엔 그런 사실을 알지 못했고 생각할 여유도 없었다. 택시나 승용차 모두 이 시골길을 홀로 걷는 사내에게 도움의 손길은 미치지 않았다. 아마도 북에서 온 무장 공비이거나 영화에 등장하는 무시무시한 범죄자라고 생각할지도 모를 일이다. 내가 택시 기사라도 이런 곳엔 오지 않을 것이고, 승용차 운전자였어도 급히 속도를 내어 도망쳤을 것이다.

결국 시골 마을에서 한 시간여를 걸어 도착한 곳이 그나마 행정복지센터가 있는 면 소재지였다. 새벽 3시가 넘은 시간, 세상은 음침하고 고요하며 거룩하기까지 했다. 면 소재지라서 그나마 가로등 몇 개라도 불을 밝히고 있는 게 다행이었다. 버스 첫차는 5시까지 기다려야 한다. 피로에 지친 시간, 작은 여관이 눈에 들어왔다. 들어갈까 말까 한참을 망설이며 서성거렸다. 여기까지 힘겹게 걸어왔는데, 운행으로 번 3만 원이 순식간에 날아갈 수 있는 숙박비용이었다. 힘들게 일한 돈을 숙박비로 날린다는 억울함이 30여 분을 갈등하게 했다.

그렇게 여관 주위를 어슬렁거리고 있을 무렵 대리 호출이 왔다. 이게 웬일인가. 바로 이곳 여관에서 어느 불륜 커플이 대리기사를 부른 것이다. 그 커플이 배우자에게는 어떤 형태의 인류인지 몰라도 그곳을 탈출하려는 나에게는 천사와도 같았다. 천만다행으로 그날은 그렇게 탈출에 성공할 수 있었다.

  외진 곳에 거주하는 주민들도 귀가해야 하니, 당연히 대리운전을 이용해야 한다. 하지만 대리기사 입장에서는 운행 이후 그곳을 탈출해야 하는 숙제가 언제나 가슴을 짓누른다. 다음 콜을 기대할 수 없는 외진 곳을 대리기사들은 '대리 지옥'이라고 부른다.

  장마철이나 눈이 많이 내리는 날에는 대리기사의 숫자가 평시 대비 3분의 1 정도로 줄어든다. 이유는 몇 가지가 있다. 눈비 맞으며 땀까지 흘려야 하는 상황 때문에 차에 오르는 순간 땀내와 쉰내가 차에서 진동한다. 평상시 걷는 것보다 눈비 오는 날 걷는 일은 훨씬 더 많은 체력이 요구된다. 사고의 위험성도 맑은 날에 비해 대리운전 노동을 주저하게 만드는 원인이기도 하다. 또한 전동휠이나 전동킥보드로 이동하는 대리기사들은 눈비 내리는 날 특히 운행을 꺼리는 이유도 있다.

  이렇게 대리기사 숫자가 현저히 적은 날에는 약간의 건당 대리 비용 상승을 기대할 수 있다. 돈벌이만 생각한다면 궂은날 오히려 더 적극적으로 일하려 하겠지만, 대리기사들은 더 큰 위험을 감내하고 싶어 하지 않는다. 하지만 고객들은 자신들의 안전한 귀가만을 생각하며 눈비 오는 날 대리기사 없음을 대리기사의 게으름으로 치부한다. 모든 노동계급 중 최하층의 노동자에게만 유독 가해지는 매서운 비난이다. 눈비 오는 날도 대리 지옥이다. 차라리 대리운전을 포기하는 것이 지옥문을 열지 않는 현명한 방법이기도 하다.

　늦은 시간 수도권의 남쪽 지역에 도착하면 대리기사들은 몇몇이 모여 함께 강남으로 이동하곤 한다. 앱에서 확인되는 대리기사가 500미터 부근에 두세 명이 눈에 띈다. 함께 이동하자고 메시지를 보내고 강남으로 향한다. 하지만 강남은 대리기사들의 지옥이다. 피크타임에는 강남역과 역삼역 인근에만 500명이 넘는 대리기사들이 개미 떼처럼 진을 치고 있다. 범위를 넓혀 강남구, 서초구 일대에선 몇천 명의 대리기사들이 콜을 기다리며 좀비처럼 어슬렁거린다. 그곳에서는 나도 좀비가 된다. 콜이 뜨면 먼저 잡는 사람이 임자이다 보니 스마트폰을 뚫어지게 쳐다보고 있다. 클릭 전쟁이 치열한 곳이다. 하지만 그 시간대에 대리 콜은 그 많은 대리기사의 간절한 염원을 모두 충족시키지 못한다. 한 콜의 당첨을 위해 매일 수백, 수천 명의 대리기사가 강남·서초 인근에서 간택되기만을 기다린다.

　강남은 대한민국의 중심을 넘어 자본주의의 중심이 되어가고 있다. 〈강남 스타일〉이라는 노래 하나로 가수 '싸이'는 빌보드 차트 2위에 오르기도 했다. 'BTS'의 등장으로 한국 출신 가수가 K-POP의 흥행을 이끌기 전에는 최초의 일이기도 했다. 노래에 열광한 외국 여행객들이 한때 가장 먼저 찾는 장소가 강남이었다. 그런 강남에는 수많은 대기업이 있고 고급 음식점들이 즐비하다. 강남의 유흥업소는 퇴폐한 자본주의의 상징이 되어 이곳을 지배한다. 여기서 대리기사들은 '낙수효과'를 기대한다. 한두 방울 떨어지는 물에 목을 축이기 위해 지옥인 줄 알면서도 기사들은 오늘도 강남을 찾는다.

　대리기사들은 신속한 이동을 위해 전동휠, 전동킥보드 등을 이용하기도 한다. 도보로 이동하는 불편함에서 벗어나 신속하게 움직일 수 있다는 장점이 있다. 그러나 이런 이동에는 항상 위험이 도사린다. 대리기사를 시작하고 얼마 지나지 않은 시점, 나도 전동휠 구매를 고민했다. 봄이 시작되고 있었고 남쪽 지방에서는 벚꽃 소식이 들려오기도 했다. 콜을 수락하고 고객이 있는 곳으로 이동하고 있을 때, 전동휠로 이동하던 다른 대리기사가 도로의 흠을 미처 보지 못하고 넘어져서 사고가 나는 현장을 목격했다. 다행히도 헬멧을 착용하고 있었기에 머리는 다치지 않았지만 온몸에 타박상을 입은 것이다. 급히 119를 불러 응급조치를 하고 그 자리를 뜬 적이 있다. 이후 나는 전동휠로 이동하는 고민을 접어버렸다. 이동하는 방법에도 대리 지옥은 존재한다.
　2024년 4월에는 시흥에서 킥보드를 타고 이동하던 대리기사가 주차되어 있던 화물차에 부딪혀 사망했다는 보도도 나왔다. 인천 서구 인근에서 활동하며 특이한 복장 때문에 많은 이들이 기억하던 60대 대리기사가 있었다. 그는 청소 노동자들이 주로 착용하는 형광색 옷을 입고 전동킥보드를 타고 이동하곤 했다. 그런데 언제부터인가 그의 모습이 보이지 않았다. 그가 사고로 목숨을 잃었다는 이야기가 들려왔다. 이런 이동장치로 이동 중에 대리 콜이 울리면 본능적으로 핸드폰에 눈길이 가기 마련인데, 그런 이유로 사고가 나면 사망에 이르기도 한다.

  대리기사들의 이동 과정에서 발생하는 사고에 대해서도 플랫폼 운영사 측에서 어떤 식으로든 대책을 세우거나 보상이 이루어져야 한다. 단순히 본인의 부주의로만 치부하기엔 그들의 부상이나 사고가 너무 안타깝다.

누가 갑질을 하는가

　봉준호 감독의 영화 〈기생충〉에는 이 시대 을과 을의 경쟁이 담겨 있다. 특이한 것은, 갑은 전혀 갑질하지 않는 선량한 모습으로 등장한다. '돈지랄'의 위선 속에서 갑은 착하고 선량하며 인간적이기까지 하다. 우아하고 럭셔리하며 품격있어 보이지만 악의 모습은 생략된 채, 갑은 을에게 한없는 동정을 베푼다. 〈기생충〉에서 비는 인상적인 장치로 관객들에게 나타난다. 갑에게 비는 운치와 낭만의 상징이며 삶의 여유와 아름다움을 제공한다. 창밖의 비를 보며 느끼는 환상은 비의 낭만을 극대화한다. 하지만 을에게 비는 목숨을 건 투쟁이기도 하다. 반지하에서 살아남아야 하는 사회적 구조 속에서 폭우로 침수된 집은 결국 인간 승리의 현장이 된다. 비라는 장치를 통해 을은 무지하고 비루하며 세상의 모든 초라함을 안고 살아가는 존재로 형상화된다.

영화는 갑이 만들어 놓은 시스템 안에서 을끼리의 치열한 다툼을 다루고 있다. 이러한 을들의 경쟁을 만든 이는 누구일까? 영화에서는 갑이 만들어 놓은 세상이지만, 현실 세계에서는 갑이 눈에 보이지 않는 시스템일 수도 있고 시스템을 장악한 집단일 수도 있는데 명확히 드러나지 않는다.

실제로 대리기사들에게 갑질하는 고객은 그저 취객일 뿐이며, 한 가정의 가장이고 오늘도 지친 삶의 현장에서 스트레스 해소를 위해 한잔 걸치고 거나하게 취해버린 평범한 소시민이 많다. 낮에는 자신이 당하는 갑질을 견뎌야 하니 그 구조적인 스트레스를 풀기 위해 대리기사를 향한 갑질로 자신의 삶을 견뎌내는지 모른다. 대한민국 사회의 최하층 노동자인 대리기사는 대한민국 사회의 구조적인 갑질과 개인의 갑질을 온몸으로 버터내야 한다.

어쩌면 70~80년대 노동운동 시대엔 투쟁의 대상이 명확했는데 요즘은 명확하지 않은 대상 때문에 노동자의 인권이 더 묵살되고 있는 듯하다. 최저임금위원회는 2025년 최저임금을 시급 10,030원으로 결정했다. 노사정협의체 형식을 띤 기구에서 결정한 일이다. 최저임금 1만 원 시대는 이미 8년 전 모든 대선 후보의 공약이었지만 이제야 겨우 열린 것이다. 식비는 한 번 오를 때마다 2천~3천 원씩 오르는데 최저임금은 이제 겨우 1만 원을 넘긴 셈이다. 1시간 일해서는 밥 한 끼도 제대로 먹지 못하는 세상에 살고 있다. 물가는 비행기의 속도만큼 오르고 임금은 거북이의 속도로 기어간다. 최저임금 인상을 위한 그 많은 투쟁에도 불구하고 정부와 사용자단체는 협의체에서 결정한 일이라는 말로 자신들의 모든 책임을 피해 간다. 어느 정당, 어느 국회의원, 대통령을 비롯하여 지위고하를 막론하고 책임지는 정치인은 존재하지 않는다. 사람이 갑질하는 세상이 아니라 대한민국의 구조적인 시스템이 갑질하는 세상에서, 그 시스템을 움직이는 자본은 대자본이든 소자본이든 인건비만큼은 양보하고 싶지 않은 자본주의자들의 심리가 반영되어 있다.

14세기 영국에서 농민 봉기를 이끌었던 존 볼은 "아담이 경작하고 이브가 길쌈할 때, 대체 귀족은 누구였나?"라는 말로 당시 귀족들의 착취를 일갈했다. 지금의 대한민국을 향해 이 질문을 던진다면 대한민국의 지배층은 뭐라고 답할 것인가?

대한민국은 자본주의 시스템으로 작동되는 나라다. 스마트폰을 작동하는 운영 체제가 안드로이드나 iOS인 것처럼, 이 나라는 자본주의라는 시스템에 의해 운영되는 체계다. 종교나 철학 또는 정치 시스템이 자본주의보다 우위의 개념이라고 주장하는 이들도 있지만 실상은 기독교나 불교 또는 정치마저 자본주의 시스템 아래서 작동되는 것뿐이다.

대한민국의 자본주의는 갈수록 고도화되고 거칠어진다. 더욱이 스마트폰의 탄생과 획기적인 보급은 사회의 모든 분야를 산업화시켜 핸드폰 안으로 몰아넣었다. 100원짜리 만화방의 추억마저 스마트폰이 집어삼킨 것은 물론이고 주변 사람들과의 소통마저도 스마트폰에 의존하게 만들어버린다. 이제 스마트폰은 모든 것을 집어삼키는 블랙홀과 같다. 인간의 노동 역시 예외는 아니어서 스마트폰은 노동을 하나의 상품으로 왜곡시킨다. 노동의 신성함은 사라지고 노동자의 인권은 묵살되는 세상으로 진행 중이다.

그 중심에 플랫폼 세상이 자리하고 있다. 시간은 흐르고 세상은 변화를 거듭한다. '앞뒤가 똑같은 대리운전'은 전화를 거는 낭만의 시대를 지나 이제는 플랫폼이 '인력시장'을 지배하는 세상이 되었으며 그곳에서 노동자는 '상품' 그 자체가 되어버렸다. 이제는 '앞뒤가 전혀 다른 플랫폼 대리운전'이 그 세상을 지배한다.

플랫폼 기업 규제가 시급하다는 지적이 꾸준하게 제기되었지만 언제나 성장과 산업의 논리가 우선이었다. 이것은 마치 산업과 환경이 충돌할 경우 언제나 산업의 손을 들어주는 것과 같은 방식이다. 플랫폼 경제는 소비자의 편리를 증진시키는 혁신이기 때문에 과도기적으로 사회적 갈등과 진통이 다소 있더라도 장기적 관점에서 이를 감수하면서 산업 발전을 장려해야 한다는 논리다. 토종 플랫폼 기업이 글로벌 기업으로 성장할 수 있도록 더 과감하게 규제를 완화해 적극적으로 지원하고 육성해야 한다는 주장이 아직도 힘을 받고 있다. 하지만 플랫폼 기업이 사회에 끼칠 수 있는 위험을 이제는 더 적극적으로 공론화해야 한다.

지금 플랫폼 노동의 문제로 언급되는 과제들은 대부분 예전부터 노동법을 회피하려는 다양한 탈법과 오래된 꼼수들이 새로운 이름표를 달고 나타난 것에 불과하다. 이윤은 극대화하고 싶고 책임은 지고 싶지 않은 기업들의 전형적인 횡포이며, 이제는 플랫폼이라는 것을 등장시켜 그곳에서 일하는 노동자를 개인사업자로 몰아붙인다. 전화로 부르던 대리운전 기사를 앱으로 호출하게 되면서 편리해진 것은 사실이다. 물론 지금도 전화를 통해 대리기사를 호출하고 있으나 이제 그 트렌드는 급격히 앱으로 호출하는 방식으로 진화 중이다.

사용자 대신 알고리즘이 통제하게 되면서 노무 제공 관계의 모습이 달라진 것도 부인할 수 없다. 하지만 그것이 플랫폼 기업의 모든 사용자 책임을 일단 덮어줘야 할 면책특권이 될 수는 없다. 구조조정이란 이름으로 노동자들의 해고를 일상적으로 정당화시켜버린 대한민국의 시스템은 항상 '노동 개혁'이라는 이름으로 혁신을 강조하지만, 그 혁신이라는 것이 누구를 위한 혁신이냐고 묻고 싶다. 과연 그 혁신이 우리 사회가 민주적 과정을 통해 그동안 쌓아 올린 가치와 질서를 양보하고, 구성원들 사이의 오랜 신뢰와 합의를 허물면서까지 감수해야 할 만큼 가치가 있는 것인가? 가죽을 벗기는(革新) 고통을 거쳐 거둔 성과는 누구에게 돌아가야 하는가?

플랫폼 노동자들은 망명정부의 국민들과 같다. 존재하지만 아무도 돌보려 하지 않는다. 정부와 사회시스템이 나서서 노동자의 삶을 돌봐야 함에도 불구하고 이 나라 정부가 노동자를 대하는 인식 수준은 가히 상상을 초월할 정도로 저렴했다. '천공'이라 불리며 도인 행세를 하는 자가 대통령의 멘토임을 자처하기도 했다. 한때 대통령이었던 자도 굳이 부인하지 않는 것을 보면 단순한 지인 관계를 넘어서는 것은 분명해 보인다. 그의 유튜브 채널에선 연일 대통령의 국가 운영에 대한 이야기가 쏟아져 나왔다. 그는 10·29 이태원 참사를 "엄청난 기회가 온 것"이라고 표현해 국민적 분노가 일기도 했다. 화물연대 파업 당시에는 "노동자 퇴치 운동"을 벌여야 한다는 망언을 내뱉어 전국의 노동자를 분노하게 했다. 노동자를 해충으로 인식하는 천박하기 그지없는 발언이다. 이처럼 지난 정부가 보여준 노동에 관한 기본 의식에는 노동자를 무시하는 시선이 깔려 있었다. 노동자들은 무지하고 폭력적이며 외부인이자 이방인이라는 인식에서 비롯된 것이다.

사실 '노동자'와 '노동조합'이라는 용어가 엄연히 존재함에도 불구하고 굳이 우리나라에서는 '근로자'라는 말로 부르기를 즐겨한다. 근로자라는 단어는 근면하고 성실한 일꾼이라는 의미의 사용자적 관점의 표현이다. 통제와 억압을 통해 착취를 당연시하려는 사회의 구조적 모순이 근로자라는 용어에도 고스란히 묻어 있는 셈이다.

대리운전 요금은 어떻게 결정될까

대리운전을 시작하고 3~4개월 정도 지났을 무렵이다. 인천의 동암역 인근 아파트 단지에서 용인 수지의 아파트 단지로 운행한 적이 있다. 고객을 내려줬을 땐 날짜가 바뀐 12시 30분을 향하고 있었다. 우선 근처 편의점에 들러 컵라면으로 허기진 배를 채웠다. 다시 인천으로 가야 했다. 인천으로 바로 가는 대리 콜이 잡히면 더없이 좋겠지만 내 뜻대로 되지도 않고 쉽지도 않으니 몇 번씩 갈아타고 가는 방법을 택하기로 했다. 이래저래 30~40분이 흘렀다.

그때 마침 인천으로 가는 콜이 잡힌 것이다. 참으로 행운이었다. 그런데 행선지도 역시 인천 동암역 근처의 아파트 단지였다. 올 때와 갈 때, 출발지와 목적지만 반대가 되었을 뿐 동암역과 용인 수지를 운행하는 것은 달라지지 않았다. 게다가 고객마저 같은 사람이었다. 고객이 잠깐 인근에서 일을 마치고 다시 인천의 자택으로 복귀

하는 것이었다.

  그런데 달라진 것이 딱 하나 있었다. 그것은 바로 요금이었다. 용인으로 올 땐 4만 원이었던 요금이 인천으로 갈 땐 3만 원으로 바뀌어 있었다. 고객도 이상하다며, 미안한 마음이 들었던지 나에게 팁으로 1만 원을 더 얹어주었다. 거리가 같고 비슷한 시간대에 운행하고 운행 소요 시간도 물론 같은데, 어떻게 1만 원이나 차이가 날 수 있을까? 어떻게 운행요금이 달라질 수 있을까? 희한하고 궁금하고 의심스러운 감정이 꼬리에 꼬리를 물었다.

  이런 비슷한 일은 이후에도 반복되었다. 5킬로미터 정도의 거리가 어떨 때는 2만 원, 또 다른 날에는 1만5천 원, 또 다른 시간에는 1만 원으로 요금이 수시로 바뀌곤 했다. 처음엔 아무 생각 없이 대리 콜을 수락하다 보니 이것저것 가리지 않고 운행했는데 시간이 갈수록 누군가의 조작에 이용당하고 있다는 생각을 떨칠 수 없었다.

  대리기사 일을 처음 시작할 때는 5킬로미터 기준으로 보통 1만5천 원이라고 생각했다. 거의 그렇게 책정되어 콜이 떴기 때문이다. 다른 대리기사들도 1만5천 원이 최저요금으로 관행이 되어 있다고 말하기도 했다. 수수료 20%를 제하면 1만2천 원인 셈이다. 그런데 시간이 갈수록 대리운전 요금이 고무줄처럼 늘었다 줄었다를 반복했다. 심지어 대리기사 수입이 8천 원으로 기록되어 콜이 뜨기도 했다. 비슷한 거리와 비슷한 운행 소요 시간이라고 하더라도 운임은 매일 차이가 나고 그때그때 달라지기 일쑤였다.

카카오T대리의 경우, 중소대리운전 회사들과 제휴 관계를 맺고 있다. 그들은 전화를 통해 대리기사를 부르는데, 고객이 콜센터에 전화하면 콜센터에서 출발지와 목적지 그리고 대리운임을 카카오 플랫폼에 올리는 식이다. 카카오T대리는 이것을 '제휴콜'이라고 하고, 티맵대리에서는 '오픈콜'이라고 부른다. 이런 제휴콜(오픈콜)의 경우 가격이 한없이 낮아지는 현상을 자주 목격하게 된다. 보통 3만 원 정도의 운임이 발생하는 거리에 대해 고객이 요청하면 2만 원에도 올리는 식이다. 이는 콜센터의 장난질에 그치지 않는다. 카카오T 앱에서 직접 대리를 부를 때도 비슷한 거리와 소요 시간인데도 수시로 요금이 바뀌곤 했다.

노동력을 제공하는 것은 대리기사지만 정작 대리기사는 운임을 결정할 단 1%의 권한도 갖고 있지 않다. 심지어 최저임금위원회에서도 노동자 측 대표가 협상 테이블의 한 축을 맡는데 왜 대리운전의 운임 결정에서 대리기사는 배제되는가? 가정의 한 달 수입이 어느 정도 예측이 되어야 생계를 꾸리고 유지할 수 있다. 그러나 수시로 변화하는 요금으로 인해 대리기사는 매일 수입을 예측하기가 매우 어려운 현실이다.

또한 플랫폼에서 운행 건당으로 가져가는 수수료가 20%에 달한다. 요금 2만 원을 받아도 실제 대리기사들이 가져가는 수익은 1만

6천 원인 것이다. 실제로 하룻밤 매출이 20만 원이라면 그중 4만 원을 플랫폼에서 가져간다. 손도 안 대고 코 푸는 식이다. 전국에 30만 명 정도의 대리기사가 존재한다. 그 30만 명에게서 하루 4만 원씩만 수수료로 떼어 가도 플랫폼은 하룻밤에 약 100억 원 이상의 수익을 올리게 되는 셈이다. 그들은 플랫폼 하나 만들어 놓고 이런 폭리를 취해도 되는 것일까? 과연 20%라는 수수료율은 누가 어떤 방식으로 결정한 것인가? 그 비율은 합리적인가? 국가는 이러한 비율이 결정되는 데 어떤 역할을 하고 있는가?

노조 측은 이러한 부당함에 맞서 대리운전 요금을 노사 협상으로 결정하자고 제안했다. 하지만 플랫폼 운영사인 카카오나 로지 측은 요금은 단체협상의 대상이 아니며 자신들의 고유한 영업 방식이라는 이유로 거부하고 있다. 수많은 대리기사에 대한 노동력 착취를 자신들의 영업 기밀이라는 이유를 들어 합리화하고 정당화하는 것이며, 이는 결국 플랫폼의 횡포라고 볼 수밖에 없다. 애초 택시 기사의 운전 대행으로 시작했기에 택시요금의 2배 정도를 받았던 대리운전 요금이 지금은 택시요금의 절반에도 미치지 못한다. 20년 전 내가 처음으로 이용했던 대리운전 요금이 지금도 그 수준이라는 현실을 어떻게 받아들여야 할까?

첫째, 이는 다분히 플랫폼의 횡포이며 그 바탕에는 대리기사를 우습게 생각하는 사고가 깔려 있다. 대리운전 요금을 결정하는 알고리즘이라도 공개해달라고 노조 측에서 계속 요청했지만, 플랫폼 운영사 측은 꿈쩍도 하지 않는다. 자신들의 영업 비밀을 공개할 수 없다는 것이다. 착취를 일상화하다 보니 대리기사들의 소득마저 자신들의 영업 방식이라고 말한다. 대리기사를 대하는 방식에서 우리 사회가 노동자를 대하는 태도를 알 수 있다.

둘째, 전국적으로 25만 명에 달하는 택시 기사는 택시운송사업법을 통해 보호와 규제를 받고 있지만 30만 명의 대리기사에 관한 법률은 아직 존재하지 않는다. 그저 특수고용직이라는 법의 테두리에 묶여있을 뿐이다. 특수고용직이라는 규정도 모호할 뿐만 아니라 업종이 다르고 일하는 방식이 다른 것을 '특고'라는 이유로 한 군데 묶어 버리는 것이 과연 합당한가 하는 지적이 나온다.

셋째, 최저임금은 비록 아주 적은 비율이라도 조금씩 오르는데 대리운전 요금은 왜 계속 떨어지고 있는지에 대한 문제의식을 행정부나 입법부에서 갖지 못하고 있다. 물가도 오르고 임금도 오르는데 대리기사 운임은 계속 하락하고 있는 현실을 당연히 바로잡아야 하지만 정부도 국회도 오직 대기업 플랫폼의 로비에 묶여 한 발자국도 나아가지 못하는 형국이다.

하루 평균 10시간을 일하는 대리기사의 실제 운행에 소요되는 시간은 4~5시간에 불과하다. 전체 노동시간 중 50~60%가 운행 이외의 일에 할애된다. 그것은 콜이 뜨기까지 기다리는 시간, 운행 대기

및 운행을 위해 출발지로 이동하는 시간 등이고 절대 생략하거나 제외할 수 없는 업무의 일환이다. 콜이 잡히기 전에는 눈이 빠질 듯, 핸드폰이 뚫어질 듯 고객의 요청이 들어오는지 살펴야 한다. 그렇게 콜이 잡히면 고객이 있는 출발지로 이동해야 한다. 운행을 종료한 후에는 다시 콜이 잡힐 만한 곳으로 이동하기를 반복한다.

 이러한 과정을 단지 휴식 시간으로 간주하는 것은 상당한 문제가 있다. 그러나 플랫폼 운영사 측은 이를 '운행 이외 시간'으로 분류할 뿐이다. 고객의 사정으로 인한 대리기사의 대기시간과 운행을 위해 고객의 출발지로 이동하는 시간도 대리운전 비용에 일정 비율 포함시켜야 한다.

 대리운전 운임을 현실화해야 하는 또 하나의 이유가 있다. 바로 주차 서비스 부분이다. 대리운전을 종료하는 지점은 앱에서 지정되는 장소 기준으로 본다면 보통 고객이 거주하는 아파트 입구가 대부분이다. 그러나 실제로 대리기사는 아파트 입구에서 운행을 종료하지 못한다. 주차까지 수행해 줘야 대리운전이 종료된다. 그러나 낯선 아파트 입구에서 주차장으로 들어가 주차 공간을 찾아 헤매다 자리가 없으면 지하 1층, 2층, 3층까지 내려가야 하니 주차에 소요되는 시간도 만만치 않다. 심지어 운행 시간 10분에 주차 시간이 20분일 때도 있다. 그럼에도 대리기사의 주차 서비스는 합당한 가격 책정에서 배제된 채 마냥 외면당하고 있다.

주차 전문 직업인 '발레파킹' 주차 대행도 일정한 비용으로 합당한 대우를 받고 있다. 하인을 뜻하는 프랑스어 'valet'와 영어 'parking'으로 이루어진 단어인 발레파킹은 차주가 직접 주차하지 않고 지정된 주차장 관리 요원이 대신 차를 운전하여 주차해주는 서비스를 말한다. 주차난이 심한 도심에서는 물론 한적한 음식점에서도 발레파킹을 쉽게 볼 수 있다. 호텔, 공항, 음식점 등에서 이루어지는 발레파킹을 생각해 보면 대리기사의 주차 서비스가 그저 무료 봉사가 아닌 합리적인 비용을 지불해야 할 대리운전의 연속선상에 있는 업무라는 점을 알 수 있다.

대리운전은 결코 값싼 노동이 아니며, 대리기사 몰래 플랫폼 운영사끼리 가격을 흥정하고 결정해야 할 노동 상품이 아니다. 대리기사의 수입은 직업적 노동으로 꼬박 밤을 새워 10시간 이상 일해서 벌어들이는 생계 소득이다. 오르지는 않고 내리기만 하는 대리운전 운임은 현실화되어야 하며, 주차 비용 역시 현실적인 가격으로 반영되어야 한다.

월천기사

  2024년 4월의 어느 금요일이었다. 다른 날에 비해 조금 이른 시간부터 대리기사 일을 시작했다. 보통 저녁 8시 무렵에 시작하던 일을 저녁 6시 전부터 하기로 했다. 대리기사가 정말 열심히 일하면 하루에 얼마나 벌 수 있을까 하는 궁금증과 오기의 발동도 곁들여졌다. 고객의 대리운전 수요 콜이 뜨면 어쨌든 '똥콜(터무니없이 낮은 가격의 콜)'을 제외한 모든 콜을 수락하기로 했다.

  부평의 집 근처에서 대리운전을 시작해 송도국제도시와 인천공항 인근의 영종도 그리고 을왕리를 거쳐 수원과 용인 등 정신없는 하루를 보냈다. 그리고 오전 6시 무렵 용인의 모처에서 지하철을 기다렸다. 그런데 강서구 화곡동으로 가는 대리 콜이 또 울렸다. 처음엔 잡지 않으려 했고, 이제 퇴근해서 휴식을 취하려 했지만, 해당 콜이 사라지지 않았다. 1분여의 망설임 끝에 결국 그 콜을 수락하고 말았다.

10건의 대리 콜을 수행하고 그날 벌어들인 수입은 25만 원 정도였다. 대리를 마치고 집에 도착하니 시계는 이미 오전 8시를 훌쩍 넘어서고 있었다. 14시간 일해서 벌어들인 수입이었다. 지금까지 대리기사 업무를 하면서 가장 많은 소득을 올린 날이기도 했다. 단순하게 계산한다면 한 달에 20일을 일한다고 가정했을 때 월 500만 원을 벌어들이는 셈이고 30일의 경우엔 750만 원 수입을 올리게 되는 셈이다. 하지만 나는 대리기사 일을 하면서 그 정도의 수입을 올린 적도 없고, 사실상 나의 체력과 컨디션을 감안했을 때 불가능한 수입이기도 하다.

  그날 그렇게 14시간을 일한 후유증은 상당했다. 그날은 물론이고 거의 1주일간 몽롱한 정신상태가 지속되었다. 정신뿐만 아니라 몸의 컨디션도 엉망이 되었다. 몸살 기운까지 오는 바람에 한동안 대리기사 일을 수행하지 못했다. 대리기사 업무뿐만 아니라 작가와 기자로서 원고를 쓰는 데도 상당한 애로와 고초를 겪어야 했다.

  10년 이상 일한 베테랑 대리기사들도 대리기사 일에 몸이 완전히 적응하는 데 걸리는 시간을 보통 3년 정도라고 말한다. 그만큼 밤샘 노동의 업무강도와 피로도는 상상을 초월한다. 주간 10시간 근무와 야간 10시간 근무는 몸이 적응하고 반응하는 속도와 느낌이 다르다. 그렇게 야간 운전을 꾸준히 3년 이상 해야 적응이 된다는 것이다. 그것도 전업 기사의 경우에 해당하는 말이니 나처럼 N잡러의 경우는 적응하기까지 훨씬 더 많은 시간이 필요할 수도 있겠다.

대리운전 요금의 현실화와 최저요금 제도는 대리기사들의 숙원과 제이기도 하다. 전업 대리기사의 평균 노동시간은 하루 10시간 정도이며, 한 달에 보통 25일 정도 일한다. 주 5일제 근무와 40시간 노동이 일반화된 세상에서 대리기사는 일주일에 평균 60시간 이상 일해야 가정의 생계를 유지할 수 있다. 심지어 주 100시간 일하는 대리기사도 존재한다. 그러나 실상 대리기사의 평균 소득은 2023년 노동자 평균 소득 364만 원에 훨씬 미치지 못한다.

전국대리운전노동조합의 집계에 따르면 2023년 대리기사 월평균 매출은 267만 원으로 콜 수수료 20%와 이동을 위한 교통비 등을 감안하면 실제 월 평균 수입은 161만 원에 불과하다. 시급으로 계산하면 6,800원으로 2025년 최저임금 10,030원의 70%에도 못 미친다. 이는 대리기사들의 소득이 얼마나 형편없는지 보여주는 수치다. 또한 2020년 국토교통부가 집계한 자료에 따르면 전업 대리기사의 월평균 소득은 100만 원 미만이 전체의 18.9%, 100~200만 원이 48.9%, 200~300만 원이 24.3%를 차지했고, 300만 원이 넘는 경우는 7.9%에 불과한 것으로 나타났다.

전국대리운전노동조합은 국내 1위 대리운전 플랫폼인 '카카오T대리' 운영사인 카카오모빌리티를 상대로 요금을 현실화해야 한다고 요구하고 있다. 대리 요금의 일정액을 지급받는 기사들도 대리비를 올리자고 하는 중이다. 그러나 카카오모빌리티는 '요금 책정은 기업

20년 대리운전 경력 상세분석

(Base : 전체, n = 700, 단위 : %)

구분		사례수	3개월 미만	3개월~1년 미만	1~3년 미만	3~5년 미만	5~10년 미만	10년 이상
전체		700	3.1	15.1	24.9	17.7	22.1	17.0
대리운전 외 경제활동	하고있음	333	4.5	22.2	30.9	18.3	14.4	9.6
	하지 않음	367	1.9	8.7	19.3	17.2	29.2	23.7
주 영업지역	서울	99	3.0	8.1	29.3	23.2	22.2	14.1
	인천/경기	226	2.7	17.3	29.6	17.7	19.5	13.3
	부산/울산/경남	113	1.8	16.8	15.9	14.2	30.1	21.2
	대구/경북	79	3.8	11.4	10.1	19.0	25.3	30.4
	대전/세종/충청	82	3.7	15.9	32.9	14.6	20.7	12.2
	광주/전라	74	2.7	20.3	21.6	13.5	21.6	20.3
	강원/제주	27	11.1	11.1	33.3	29.6	7.4	7.4
성별	남자	678	2.9	14.6	25.2	17.7	22.1	17.4
	여자	22	9.1	31.8	13.6	18.2	22.7	4.5
연령대	20대	13	7.7	30.8	30.8	23.1	7.7	0.0
	30대	114	6.1	22.8	43.0	10.5	14.0	3.5
	40대	246	2.8	18.7	24.4	22.0	17.5	14.6
	50대	251	2.0	10.4	20.3	16.7	28.3	22.3
	60대 이상	76	2.6	5.3	13.2	17.1	31.6	30.3
운전경력	5년 미만	180	5.0	24.4	43.9	26.7	0.0	0.0
	5~10년 미만	89	0.0	4.5	9.0	5.6	80.9	0.0
	10년 이상	431	3.0	13.5	20.2	16.5	19.3	27.6
월평균 대리운전 수입	100만원 미만	132	4.5	23.5	34.8	17.4	122.1	7.6
	100~200만원 미만	342	4.1	14.0	22.2	14.6	26.0	19.0
	200~300만원 미만	170	1.2	11.2	24.1	20.6	21.8	21.2
	300~400만원 미만	43	0.0	9.3	20.9	30.2	25.6	14.0
	400만원 이상	13	0.0	30.8	15.4	23.1	15.4	15.4

의 고유 권한'이라며 맞서고 있다. 대리기사가 노동력의 제공을 대가로 받는 수입이 기업의 고유 권한이라고 주장하는 것이다.

전국대리운전노동조합과 카카오모빌리티는 단체교섭을 벌이고 있으나 합의점을 찾지 못해 협상이 결렬된 상태다. (2025년 4월 기준) 노조는 "회사가 대리 요금을 협의로 정하겠다는 약속을 깼다"라며 카카오모빌리티 측을 비판하고 있다.

카카오모빌리티는 약 16만 명의 대리기사를 고용하고 있는, 시장 점유율 40%의 사업자다. 노조에 가입한 대리기사는 1만 명 정도에 불과해 사실상 노조의 존재 자체를 모르는 기사도 많다. 같은 공간에서 일하지 않는 대리기사 업무의 특성상 노조가 힘을 발휘하기 쉽지 않은 상황이다.

2022년 단체협약에서 노사는 "대리 요금을 현실화하도록 노력한다"라고 합의했다. 노조 측은 이 합의 내용을 근거로 대리기사 임금의 기반인 대리비를 노사가 정하자고 요구하고 있다. 반면 카카오모빌리티 측은 "노사가 임의로 소비자에게 부과되는 대리운전 요금을 정할 시 공정거래법상 담합에 해당할 수 있다"라고 반박한다. 대리운전 요금은 대리기사의 소득과 동의어다. 그런데도 이를 노사가 협의하여 요금을 현실화하면 담합이라는 것이다. 카카오모빌리티 측의 억지라고 볼 수밖에 없다.

또한 대리기사의 소득 문제가 쟁점화될 때마다 카카오모빌리티 측은 대리기사의 평균 소득은 공개하지 않은 채 엉뚱한 방향으로 '물타기'를 한다. 대리기사 중에 고소득자가 상당수 존재한다는 논리를 펴면서 저소득 대리기사가 마치 게으르거나 열심히 일하지 않기 때문이라는 프레임을 만들어 언론플레이를 한다.

그러다 보니 '월천기사'라는 용어까지 등장했다. 월 천만 원 수입을 올리는 대리기사를 일컫는 말이다. 이런 부분을 강조하면서 운임 수준이 낮지 않다고 주장한다. 콜이 많은 시간에 동선을 잘 짜서 운행하면 높은 수입을 올릴 수 있다는 것이다. 실제 대리기사 커뮤니티에선 하룻밤 사이 경기 화성시 동탄 일대에서 12건을 운전해 '순수입 52만3천 원'을 인증한 대리기사가 한때 화제가 되기도 했다. 이런 수입이 어쩌다 하루 정도 요행으로 가능할 수는 있다. 그러나 매일 이런 소득을 올린다는 것은 불가능하다. 대리 요금이 갈수록 낮아지는 현실까지 감안하면 더욱 그렇다.

또한 월천기사가 존재하기는 해도 전체 30만 명 규모의 대리기사 중 겨우 300~500명 정도에 불과하다. 0.1%가 마치 전체인 것처럼 과대 포장하고 있는 것이다. 대기업 노동자의 극히 일부가 연봉 1억 원을 받는다고 해서 (그것도 특근수당과 잔업수당을 모두 포함한 수입으로) 모든 노동자가 연봉 1억 원을 받을 수 있는 것처럼, 그래서 노동자를 비난하는 수단으로 '귀족노조'라는 오명을 씌우는 것과 비슷한 수법이다. 고소득 대리기사의 경우 골프장 대리기사로 하루 일과를 시작하게 되는데, 이 경우 오전 10시부터 밤 12시 무렵까지 무려

12~16시간을 일하기도 한다. 결국 죽음을 불사한 과로로 벌어들일 수 있는 소득이라는 뜻이다.

 일부 대리운전 회사에서 운영하는 유튜브 채널에 대해서도 문제점을 지적하지 않을 수 없다. 그런 채널에서는 대리기사가 열심히 일하면 월 천만 원, 천천히 일해도 월 400~500만 원 정도는 올릴 수 있는 것처럼 떠들어댄다. 이들 유튜브 채널의 운영자는 대부분 대리운전 회사의 경영진이다. 이들은 자신의 회사에 소속된 대리기사가 많을수록 더 많은 소득을 올린다. 대리운전 수수료 20%는 물론이거니와 월 3만 원 정도씩 관리비 명목으로 떼어 가는 돈이 대리운전 회사의 수입원이다. 보험료 일부도 대리운전 회사에서 편취한다. 대리기사가 일을 하지 않아도 관리비는 통장에서 매일 빠져나간다. 도대체 무엇을 관리하는지도 명확하지 않다. 그런 대리운전 회사들이 운영하는 유튜브 채널을 절대 신뢰해서는 안 된다.

 대리기사는 운전면허증만 있다면 누구나 할 수 있는 직업이다. 그러나 오랫동안 일하는 행운을 하늘은 아무에게나 허용하지 않는다. 인내심과 끈기는 물론이고 기본적인 체력도 중요하며 고객의 갑질을 순간순간 넘길 줄 아는 순발력도 요구된다. 또한 아무나 할 수 있다는 것은 그만큼 직업의 문턱이 낮다는 얘기이지만 쉽게 일을 그만둔다는 방증이기도 하다. 하루하루 고된 밤샘 노동을 견뎌야 하기 때문이다. 결국 싸구려 노동 취급당하지 않고 지속 가능한 노동이 되려면 대리운전 요금을 현실화하고 최저요금 제도를 도입해야 한다.

밥줄을 끊어라

　장례지도사를 하는 친구가 있다. 그는 나의 경제적 상황을 잘 알고 있기에 나에게 대리기사를 가장 적극적으로 권유한 친구이기도 했다. 나처럼 활동가나 작가 등의 투잡으로 제격이라는 말도 덧붙였다. 그는 몇 년 전 코로나 시국에서 코로나 사망자가 증가할 무렵 잠시 장례지도사 일을 쉬기로 했다. 장례지도사의 특성상 코로나 사망자의 몸을 만지고 염을 해야 하는 등 결국 자신의 생명을 담보해야 하는 상황이 닥치자 내린 결단이었다.

　이후 그는 몇 개월간 배달 기사로 일했다. 하지만 오토바이로 배달하면서 버스와 부딪히는 큰 사고를 당해 1개월간 병원 신세를 지는 처지가 되었다. 그러나 국가는 물론이고 플랫폼이나 보험사의 지원을 한 푼도 받지 못했다. 당시 머리를 다쳤기 때문에 사고의 후유증으로 지금도 말투가 약간 어눌하다.

이후 그는 대리기사 일을 시작했다. 나보다 약 6개월 먼저 대리운전업계에 발을 들였다. 하지만 대리기사 일을 하면서 그는 또다시 큰 사고를 당하고 말았다. 장례행사를 마치고 바로 대리운전을 하던 중 지방으로 가는 고객의 차를 졸음운전을 한 것이다. 투잡의 피로가 사고의 원인이었다. 사고 차량은 고급 외제 차였던 까닭에 수리 기간 중 필요한 자동차 렌트 비용 등 대리운전으로 1년을 일해야 벌어들일 수 있는 돈이 삽시간에 사라졌다. 보험사와 플랫폼은 이후 그의 대리운전 보험 갱신을 거절했다. 밥줄을 끊어버린 것이다. 플랫폼의 노예들은 플랫폼에서 쫓겨나는 순간 생사의 기로에 서는 상황을 맞이하는 운명에 놓이게 된다.

대리기사는 매번 다른 차를 운행한다. 경차와 중형차, 세단과 SUV, 국산 차와 외제 차, 그리고 트럭까지 같은 종류의 차종을 연속으로 운전하는 일은 거의 없다. 차량의 높이와 길이 그리고 폭이 모두 다른 차량이다. 그런 이유로 출차하는 과정과 주차하는 과정은 언제나 긴장과 스릴의 연속이다. 특히 상가 주차장의 경우 지하 주차장에서 지상의 도로로 나가는 통로가 매우 좁아서 험난하기까지 하다. 오피스텔 주차장도 상황은 비슷하다. 폭이 좁기 때문에 특별히 주의를 기울여도 사고를 피하기 쉽지 않다. 심지어 전체 대리운전 사고의 90%가 출차와 주차 과정에서 발생한다. 운전할 때마다 매번 바뀌는 차량의 크기 때문에 미처 적응하지 못한 상황이 만들어내는 비극이다.

　대리기사 일을 하면서 나도 몇 번의 사고를 냈다. 대리운전을 시작한 지 겨우 2개월 정도 지났을 무렵이다. 송파구 장지동의 아파트 단지로 향했는데 주차장으로 향하는 아파트 입구가 매우 좁았다. 게다가 고객의 차량은 폭이 넓은 차량이었다. 지하 2층으로 내려가는 길에 기어이 사고가 나고 말았다. 길가 양옆의 턱을 미처 보지 못하고 살짝 스친 것이다. 처음엔 범퍼의 작은 흠 정도라고 생각했다. 고객도 동의했다. 사고 부분을 사진에 담았다. 도색으로 해결하자고 합의를 보았다.

　그러나 1주일 뒤 고객은 카센터를 다녀왔고 범퍼가 일부 부서졌다는 카센터 정비 기사의 말을 전하면서 범퍼 교체를 위해 사고 처리를 원했다. 2008년형 그랜저의 범퍼 수리 비용으로 90만 원의 견적이 나왔고, 자기부담금 30만 원을 내가 내야 했다. 작은 흠집이 범퍼 파손으로 진단이 바뀌어 버린 순간이었다.

　두 번째 사고는 시흥시 정왕동에서 발생했다. 첫 사고가 난 후 역시 1개월 정도 지났을 무렵이다. 고객은 통행량이 많지 않은 주택가 이면도로에 주차해달라고 했다. 최대한 인도 쪽으로 바짝 붙여서 주차해달라는 고객의 요구에 주차하는 과정에서 바퀴의 휠에 상처가 난 것이다. 작은 기스 정도 난 것 같으니 도색하는 것으로 현장에서 합의를 봤다.

그러나 며칠이 지난 후 그는 도색 합의는 애초에 없었다며 휠 교체를 요구했다. 기아 K5의 조수석 앞바퀴 휠 교체 견적은 50만 원이었고, 그의 요구대로 나는 보험처리에 응해야만 했다. 보통 연간 두 번의 사고는 곧바로 대리운전 앱 사용 중단으로 이어지는데, 이번 경우엔 다소 억울함이 있다는 정상 참작이 있었기에 대리운전 앱 사용 중단으로 이어지지는 않았다.

세 번째 사고지는 용산이었다. 도착지에서 주차 공간을 찾지 못하자 좁은 골목길 여기저기로 나를 안내하던 고객은 더욱 이상한 곳으로 끌고 갔고, 거기서 골목길 옆의 전신주와 스친 듯 만 듯한 사고가 발생했다. 의도적으로 사고를 내게 한 것 같다는 의심마저 들었다. 고객은 보험처리를 안 할 테니 현금 100만 원으로 합의를 보자고 요구했다. 나는 일단 견적이 있어야 합리적으로 판단할 것이고 그래야 현금 보상도 할 수 있는 것 아니냐며 맞서 보았다. 이에 고객은 그렇다면 보험처리를 하겠다며 으름장을 놓았다. 추가로 보험처리를 할 경우 더 이상 대리운전을 할 수 없을 것이라는 생각에 울며 겨자 먹기식으로 고객의 요구에 응하고 말았다.

다른 사고도 있었다. 국산 제네시스 자동차였다. 목적지인 김포 통진읍에서 주차하는 과정에서 인도와 차도의 경계선 낮은 턱을 미처 확인하지 못한 사고였다. 단순한 휠의 긁힘 같은 것이었다. 상태를 서로 확인하고 바로 보험사에 접수했다.

  그런데 1주일 정도가 지났을 무렵 카카오 측을 통해 연락이 온 내용은 바퀴 축의 밸런스가 손상되었다는 것이었다. 물론 보험사도 이런 내용에 동의하지 않았다. 하지만 고객은 나에게 합의를 요구했다. 견적이 300만 원이 나왔다는 것이다. 합의에 응하지 않을 경우 소송도 불사하겠다며 으름장을 놓았다. 나 역시 순순히 당하고 있지 않았다. 보험사도 인정하지 않는 사고에 내가 응할 이유가 없었던 것이다. 내가 강하게 대응하면서 고객도 유야무야 넘어간 사고였다.

  최근에는 좁은 오피스텔 주차장을 빠져나오는 과정에서 타이어에 흠이 간 일이 있었다. 현장에서 확인했을 당시에는 분명 타이어에 상처가 난 것이었다. 물걸레로 닦기만 해도 지워질 정도의 더러움 같은 것이었다. 당시 상황에서는 고객도 사고가 아니기에 아무런 이의를 제기하지 않았다.

  그런데 당일도 아니고 5일이나 지난 후에 고객은 나에게 아무런 연락도 없이 보험사에 사고 접수를 한 것이다. 사고 내용은 타이어 중앙의 휠 손상이었다. 당일엔 분명히 타이어의 상처였는데 4일이 지난 후엔 휠 손상으로 바뀌어 버린 것이다. 고객이 4일 동안 무슨 일이 있었는지도 모른 채 카카오 측에서는 고객의 주장만 반복했다.

  카카오 측은 또한 나에게 사고 접수에 응하라며 온갖 회유와 설득과 협박을 가했다. 나는 강하게 반발했다. 카카오 측과의 대화 내용을 모두 녹음했다. 그리고 계속 이런 방식으로 나에게 강요할 경우엔 이 모든 상황을 언론에 제보할 것이며 국민권익위원회와 공정거래위원회 등에도 알려서 부당함을 바로잡겠다고 맞섰다.

내가 이런 식으로 맞대응하자 카카오 측에서도 더 이상 강요하지는 않았다. 대리기사의 말은 들어보지도 않은 채 무조건 고객의 요구와 주장만을 받아주는 대리운전 회사들과 플랫폼 운영사들은 부끄러움도 모른 채 돈벌이에만 혈안이 되어있다.

사실 이런 나의 글을 보면서 운전 무능력자의 자기 합리화라고 말하는 이들도 있을 테다. 나는 1994년에 운전면허를 취득한 이후 딱 한 번 사고 경험을 갖고 있다. 초보운전 시절이지만 뒤에서 받히는 사고뿐이었다. 처음 면허증은 2종 보통이었으나 장기 무사고 운전으로 인해 1종으로 신분 상승하는 혜택도 누렸다. 대리운전을 하기 전 나는 무려 28년이나 무사고 운전자였다.

대부분의 대리기사들이 나처럼 대리운전 사고의 경험을 갖고 있지만 모두 출차와 주차 중에 일어난 사고였다고 말한다. 전체 대리기사의 사고 중 이 90%의 비율이 동료 대리기사들과의 대화에서 증명되곤 한다. 대리운전 경력 1년차부터 10년이 넘은 베테랑 대리기사까지 1년에 한두 번 정도는 이렇게 경미한 사고 때문에 가슴을 졸여야 한다는 것이다.

운전에 자신이 없는 사람들이 남의 차를 운전하는 일은 쉽지 않다.

따라서 대리운전이라는 업무에 도전하는 것도 처음엔 주저하기 마련이다. 대리기사의 사고는 다양한 차량 크기에 적응되지 못한 상황에서 발생하는 것이지, 결코 운전 능력의 부족이나 부주의에서 발생하지 않는다. 아무도 사고의 피해자가 되기를 원하지 않지만, 일부러 사고를 내는 대리기사는 더더욱 존재하지 않는다. 오히려 대리운전 사고의 경우 차주가 대리기사에게 모든 책임을 뒤집어씌우거나 이 참에 특정 부품을 교체하려 든다. 사고 현장에서도 대리기사에겐 억울하거나 비참한 일로 가득하다.

또한 대리기사가 사고를 내면 밥줄을 끊어버리는 문제도 해결해야 한다. 현재 대리운전자 보험의 규정은 1년에 2회 사고를 내거나 2년에 3회 사고를 내면 보험 갱신을 막아버린다. 이는 '직업 선택의 자유'를 제한하는 위헌적인 행위임이 다분하다.

하지만 보험회사의 이 같은 횡포를 막는 것은 쉽지 않아 보인다. 대리기사가 사고를 내면 보험료를 할증해서 가입을 받아주고, 무사고 대리기사에게는 보험료를 할인해서 보험 갱신을 할 수 있게 해야 한다. 보험회사가 대리운전 회사와 손잡고 대리기사의 생사여탈권을 가질 무슨 권한이 있는가.

대리기사가 손님의 차를 운행하다 사고를 내면 대리기사 운전자 보험이 적용되는데, 이때 기사는 자부담금 30만 원을 내야 한다. 하지만 운전 중 사고가 2번 이상 발생하면 다음 보험심사에서 탈락해 대리기사 일을 할 수 없게 되는 것이다. 그런 까닭에 한 번 사고가 있었던 기사들은 만약 두 번째 사고가 발생하면 자비로 사고를 처리하는 경우가 허다하다. 생계를 이어가기 위해 어쩔 수 없는 선택을 한다.

이를 개선하기 위해 금융감독원은 지난 2023년 12월 대리운전자 보험 개선을 위한 방안을 제시했다. 보험 가입 거절을 방지하는 방안으로 사고 횟수별 할인과 할증 제도를 도입하고, 보상의 범위와 한도를 확대하여 대리운전기사의 실수로 사고 발생 시 차주의 렌트 비용을 보상하는 특약을 신설하고, 고가의 차량과 사고 시에도 사고 위험을 충분히 보장받을 수 있도록 대물 배상은 물론 자기 차량 보상한도를 확대한다는 내용이었다. 원래 2024년 7월부터 시행할 예정이었으나 보험사와 대리운전 플랫폼 운영사 측은 다시 2025년으로 미루어 놓은 상태다.

※ 그동안 대리기사와 노조 측의 끊임없는 요구로 다회의 사고 발생 시 보험 가입을 막으며 밥줄을 끊는 행위는 2025년 4월부터 중단되었으며, 보험료 할증 제도가 새로 도입되었다.

이중으로 뜯어가는 대리운전 보험료

　대리운전을 처음 시작할 땐 카카오T대리 앱만 사용했다. 투잡을 해야 하는 특성상 몇 개의 앱을 사용하는 것보다 하나의 앱에만 집중하자는 생각이었다.

　그러다 경기도 시흥의 거북섬이라는 곳에 가게 되었다. 다리가 놓여있고 베드 타운으로 조성만 되어있을 뿐, 그곳은 말 그대로 섬이나 다름없었다. 공식적인 행정구역 명칭만 시흥시 정왕동이라고 찍혀 있을 뿐이었다. 도착해 보니 사방에 불 꺼진 주택들만 가득했다. 빠져나갈 일이 암담했다. 대리운전 초창기 시절이라 처음 가본 곳이기도 했고, 행정구역상 도시로 된 곳이라 정왕역 부근이라고 생각했는데 그곳과는 한참 떨어진 곳이었다. 아는 지역이라면 굳이 들어가지 않았을 터였다. 빠져나갈 일을 생각하니 눈앞이 캄캄했다. 마침 동료 대리기사가 인근에 포착되었다. 해당 대리기사에게 이런저런 하소연을 하면서 탈출을 모색하기로 했다.

담배 한 모금의 한숨과 함께 동료 기사가 건네준 껌을 씹으며 세상을 '씹어대고' 있었다. 일단 대리기사 한두 명 정도 더 모이면 택시로 그곳을 탈출하기로 합의를 봤다. 그렇게 외진 곳까지 택시가 올까 하는 의심이 들기도 했지만, 카카오택시가 들어올 것이라는 안심을 동료 기사에게 전해 들었다. 그런데 잠시 후 동료 대리기사가 그곳에서 울리는 대리 콜을 잡고 빠져나가고 말았다. 전화콜이 '로지'라는 앱으로 연결되어 발생한 콜이었다. 그는 나가고 나 홀로 남게 되었다. '몇 개의 앱을 사용하다 보면 지옥 탈출이라는 장점도 있구나' 하는 생각을 하게 된 것이 그때가 처음이었다. 택시도 잡히지 않아 결국 그날 나는 3킬로미터를 걸어 인근 작은 번화가에 도착했고 간신히 인천으로 돌아올 수 있었다.

추가로 대리운전 앱이 필요하다는 느낌에 티맵대리에 가입했다. 가입 심사는 어렵지 않았다. 카카오T대리처럼 인적 사항을 기록하고 운전면허증을 등록하면 보험 가입 가능 여부를 심사하고 5일 이내로 결과를 보내온다. 그렇게 해서 대리운전을 위한 두 번째 앱을 사용하게 된 것이다. 그러나 티맵대리는 하루에 한 콜조차 뜨지 않을 때가 많았다. 사실상 있으나 마나 한 앱이었다. 많아야 일주일에 한두 콜 정도 운행할까 말까 했다. 갖고 있어서 딱히 불편한 것도 없지만 좋은 점도 없었다. 나도 '로지'에 가입해야겠다는 마음을 먹게 된 것이다. 추가로 앱을 이용하면 외진 곳을 벗어나기가 수월할 것이라는 나름의 기대도 작용했다.

로지라는 앱을 사용하기 위해서는 특정한 대리운전 회사에 대리기사로 등록해야 한다. 그동안 소속 없이 카카오T대리 앱만 사용했는데, 앞으로는 특정한 대리운전 회사의 소속이 되는 것이다. 몇 군데 회사를 소개받아 전화했다. 가입을 위한 절차에 대해 문의했다. 그런데 내가 대리운전 회사에 소속돼 로지라는 앱을 이용하기 위해서는 추가 비용이 발생한다는 것을 알게 됐다. 도저히 이해되지 않는 비용이었다. 월간 또는 일일 보험료를 내야 한다는 말도 전했다. 매월 9만 원을 납부하든가, 아니면 매일 3천 원의 보험료를 납부해야 한다고 했다. 이외에도 이런저런 명목으로 대리기사를 호구 삼는 돈을 요구했다.

카카오T대리 앱과 티맵대리 앱은 이런 부가 비용을 받지 않는다. 후발 주자로서의 경쟁력을 위해 대리기사에게 별도의 비용을 요구하지 않고 있는 듯하다. 이런 비용을 받지 않는다고 그들을 추켜세울 필요는 없다. 그들은 또 다른 방식으로 대리기사의 노동력을 착취하며 주머니를 털어가기 때문이다. 카카오T대리나 티맵대리의 경우도 앱에서 자체적으로 발생한 콜이 아닌 제휴 콜이나 오픈 콜은 대리기사에게 건당 보험료를 납부하게 한다. 그리고 20%의 운행 수수료는 모든 플랫폼이 공통으로 취하는 수익구조다. 이 비용 역시 로지도 별도로 가져간다.

결국 나는 선발 업체로서 대리기사용 세계 최초의 앱이며 '역사와 전통으로 유서 깊은' 로지 사용을 포기하고 말았다. 하루 일당보다 더 높은 비용을 납부하고 싶지 않기도 했고, 또 다른 플랫폼의 횡포에 말려들고 싶지 않은 심리도 작용했다.

카카오와 로지는 현재 대리운전 시장을 반분하고 있다. 앱으로 부르는 대리운전 시장은 약 90%를 카카오가 장악하고 있다면, 전화로 부르는 대리운전 시장은 로지가 90% 정도를 확보하고 있는 상황이다. 또한 카카오는 '콜마너'라는 업계 3위의 앱과 '1577 대리운전'을 인수해서 하나가 되었고, 로지는 티맵이 인수한 상태다. 이제 대리운전 시장은 다음카카오와 SK 두 개의 거대 기업이 시장을 양분하고 있다.

전국에 대리운전 기사를 생업으로 삼는 노동자는 현재 30만 명 정도로 추산된다. 코로나 시국에서 잠시 증가세가 주춤하기도 했으나 이후 심각한 불경기를 거치면서 투잡을 필요로 하는 대리기사가 폭발적으로 증가했다. 대리기사들은 불규칙한 노동시간, 고객의 돌발 행동, 극심한 감정노동, 업체의 고액 수수료, 곳곳에 도사리는 교통사고의 위험까지 감수하며 일하지만, 최저임금에도 미치지 못하는 돈을 벌고 있다.

법적으로 특수고용노동자 신분인 대리운전 기사들은 개인사업자로 분류되는 터라 열악한 노동 조건에서 저임금을 받으며 일하면서도 노동법의 보호조치 제대로 받지 못한다. 이렇게 여러 가지 어려움을 겪는 가운데 최근 몇 년 동안 단호하게 '현장의 고질적 병폐'라고 지적하며 대리기사들이 대리운전 회사를 향해 개선을 요구하는 사안이 바로 대리운전자 보험이다.

대리기사는 일을 하기 위해 대리운전자 보험에 반드시 가입해야 한다. 대리운전자 보험에 가입해야 업체에서 소속 기사로 받아준다. 때문에 업체들이 보험료를 걷는다는 명목으로 노동자들에게 돈을 갈취해가는 일이 빈번하게 발생하고 있다. 월간 보험료를 빌미로 뜯어가는 보험료의 일부를 대리운전 회사와 보험회사들이 나누고 있다는 것이다. 대리운전 회사가 보험료를 걷는 명목으로 그 보험료 일부가 대리운전 회사의 수익으로 둔갑하고 있다.

현재 대리운전 기사들은 업체를 통해 '단체보험' 또는 일정 요금을 내는 '건당 보험'에 가입하고 있다. 단체보험의 경우 업체들이 관리비 명목으로 실제 보험료보다 돈을 더 받거나 100명에게 보험료를 받고 90명만 보험 가입자로 등록하는 등 꼼수를 부린다는 증언도 있다. 업체가 보험료를 빌미로 가난한 노동자의 주머니를 털어가고 있다. 심지어 일부 대리운전 기사들은 일거리를 충분히 얻기 위해 여러 회사에 가입한다. 그럴 경우 보험도 역시 중복 가입할 수밖에 없다. 이 회사 저 회사의 콜을 받아야 고객과 연결돼 충분한 수입을 올릴 수 있다고 생각하기 때문이다.

자가용 운전자의 경우 단일보험이 적용된다. 가족이 함께 운전하게 되면 보험료를 추가로 내면 되고, 법인 차량의 경우도 회사 직원들이 번갈아 운전할 수 있기에 보험료를 추가하면 되는 일이다. 한 대의 차량을 운전하는 데 있어서 여러 개의 보험이 아닌 하나의 보험으로 해결할 수 있는 것이다. 운전하는 사람이라면 모두가 알고 있는 부분이다.

이와 같은 방식으로 대리기사에게도 단일보험을 적용하면 될 일이다. 대리기사 1명이 하나의 보험 가입으로 대리운전 보험에 가입하면 된다. 굳이 중복 가입하게 만들어 결국 대리운전 회사에 또 다른 수익을 제공해 주고 보험회사는 이중 가입으로 이익을 노리는 구조적인 문제를 막아야 한다.

택시의 경우 택시운송사업법이라는 법을 통해 택시 기사와 택시회사를 보호하기도 하고 통제하기도 한다. 택시 기사들은 택시공제조합에 가입하여 운전 시 사고가 날 경우 제재를 받기도 한다. 대리기사에게도 이런 대리운전공제조합 같은 것을 만들어 대리운전자 전용보험 제도를 통해 대리운전 노동자를 보호해야 한다. 사고를 내면 할증 보험료를 내면 될 일이고 무사고 운전자는 보험료를 할인해 주면 될 일이다. 사고를 냈다고 해서 택시 기사의 밥줄을 끊지는 않는다. 그런데 왜 대리기사는 사고를 내면 밥줄을 끊어버리는가.

금융감독원이 새로운 형태의 대리운전자 보험을 선보일 예정이라고 발표하기도 했다. 대리운전자 보험을 인당 보험 형태로 전환하여 대리기사의 생계를 유지할 수 있도록 해야 한다는 취지다. 보험회사와 대리운전 회사의 폭리를 막아야 한다. 그러나 새로 선보이는 대리운전자 보험 역시 플랫폼의 로비에서 벗어나지 못하고 있는 듯하다. 정부가 기업 편중 정책 기조를 편다면 대리운전 노동자에게 유리한 대리운전자 보험을 만들 것 같지는 않다.

대리기사의 직업병

 대리운전을 시작하고 1년 정도 지났을 무렵부터 치명적인 질환이 찾아들었다. 바로 무릎 관절염이다. 운전하다 생긴 일종의 직업병인 셈이다. 운전과 관절염이 무슨 상관관계가 있다는 말인가라고 의아하게 생각할 수도 있겠다.

 콜을 수락하면 고객의 출발지로 이동해야 한다. 그리고 운행이 종료되면 다시 번화가로 이동한다. 대리기사의 일상은 이렇게 이동의 연속이다. 이러한 이동을 보통 도보로 해결한다. 하루에도 매일 1만 보 이상을 걸어야 하는 상황에서 어찌 보면 무릎 관절염이 찾아온 것은 당연한 일이기도 하다. 이후에는 이동을 위해 택시나 공유자전거를 이용하기도 했다. 번화가에서 조금 떨어진 곳에 도착하면 공유자전거 앱을 켠다. 그리고 공유자전거를 찾는다. 앱상에서 공유자전거 위치가 확인되는 곳으로 발걸음을 옮긴다.

그런데 있어야 할 곳에 공유자전거가 보이지 않는다. 분명 앱상의 지도에는 존재하지만 실제로는 존재하지 않는 자전거가 있다. 바로 아파트 단지에서 경험하게 되는 일이다. 공유자전거를 이용한 후 자신의 아파트 현관으로 들여놓으면 자전거는 존재하되 탈 수 없는 유령 자전거가 되고 만다. 개인용이 아닌 공유자전거를 이런 식으로 이용하는 것은 범죄에 가깝다. 결국 하염없이 걸어 번화가로 이동하는 수밖에 없다. 분노를 억누르며 발걸음을 재촉해 본다. 그렇게 나의 무릎은 무너져 내렸고 관절염은 치료해야 하는 지경에 이르렀다.

　이동의 편리함을 위해 전동킥보드나 전동휠을 이용하는 대리기사도 있다. 그들은 관절염의 고통에서는 해방되지만 늘 죽음의 위협에 시달린다. 도로 위를 달려야 하는 위험 때문에 언제 사고가 날지 모른다. 실제로 전동휠을 타던 대리기사가 내 눈앞에서 넘어지는 광경을 목격하기도 했고, 가끔 만나는 대리기사들은 전동휠 타던 어떤 이가 사망했다거나 넘어져서 치명적인 부상을 입었다는 소식을 전해 주곤 한다.

　나를 고통스럽게 하는 질병은 또 있다. '간간이' 나를 괴롭히던 이명이 이제는 '꾸준히' 괴롭힌다. 이명과 함께한 세월이 어느덧 10년을 훌쩍 넘겼다. 야간노동을 해야 하는 일상과 갑질 고객을 상대하는 스트레스가 증폭하여 이명이 심해진 듯하다. 이명은 혈액순환개선제를 복용하면 일시적으로 좋아졌다가 다시 나빠지는 현상이 반복된다. 매일 꾸준히 약을 챙겨 먹는 게 나로서는 여간 불편한 일이 아니다. 게으름이 나를 불편하게 한다. 버트런드 러셀의 《게으름에 대한 찬양》에 찬사를 보내기도 하지만 이럴 땐 나의 게으름이 불쌍하기만 하다.

대리기사에게 치명적인 질병은 또 있다. 바로 수면장애와 불면증이다. 대리운전을 하는 사람들 다수가 앓고 있는 질환이기도 하다. 특히 전업 대리기사에게는 고질병이다. 야간 노동으로 피로에 전 몸을 누이고 눈을 붙여 수면 상태에 빠져들어야 하지만 이 단순한 법칙을 대리기사는 해결하지 못하고 있다. 야간 노동이 지속될수록 불면증은 더욱 심하게 대리기사를 괴롭힌다. 수면안대나 암막 커튼을 사용하면 좋겠지만 이 또한 갖춘 가정이 많지 않다. 밝은 대낮에 취침해야 하니 자주 깰 수밖에 없고, 더욱이 나이 많은 남성 대리기사의 경우 전립선 질환까지 앓고 있는 관계로 찬란한 불면의 시간은 계속된다. 게다가 최근엔 '내란성 불면증'까지 대리기사를 괴롭히기도 했다. 계엄령의 공포를 경험한 이들에게 나타난 현상이다.

비 내리는 저녁이면 사람들은 한잔의 막걸리에 해물파전이 그립기도 할 것이며 운치 있는 창밖을 바라보며 비와 낭만을 이야기한다. 가끔은 옛 추억에 젖어 오랜만에 만나는 친구들과 과거 회상을 나누기도 한다. 그러나 대리기사에게 비는 생존을 위한 투쟁의 대상이 된다. 비 내리는 날이면 유독 대리기사를 찾는 앱이 끊임없이 울려대고 전화를 통한 대리 콜도 요동치지만, 비를 뚫고 운전을 감행하기란 쉬운 일이 아니다.

　지난 장마철에는 고객을 아파트 주차장에 내려준 이후 갑작스럽게 쏟아지는 장대비를 피하려고 달려가다가 눈앞의 턱을 보지 못하고 넘어지고 말았다. 그 바람에 3주 진단의 골절상을 입어 깁스를 한 적이 있다. 이 또한 대리기사 불찰의 영역으로 산재 처리가 되지 않는다. 산재보험료는 납부하는데 산재 처리가 되지 않는 희한한 직업이 바로 대리운전이다.

　세월 때문에 피할 수 없는 남자들의 고통도 고역이다. 전립선 질환을 앓고 있는 대리기사에게 '화장실 마려운' 일은 직업병에 가깝다. 차가 심하게 막히는 사고 현장을 지나면서 1시간 정도를 운전하는 상황이 생기기도 하는데, 참을 수 없는 용변의 무게감이 짓누른다. 고객에게 양해를 구하고 외진 곳을 지나면서 해결하기도 하지만 보통의 고객은 싫어하는 경향을 보인다. 빌딩도 폐쇄형 화장실이 많은 관계로 번화가에서 화장실 찾는 게 의외로 쉽지 않다. 보통 1층은 잠겨있어도 빌딩 2층은 열려있는 경우가 종종 있지만 모든 층의 화장실을 폐쇄하는 경우도 있다.

　어둠이 짙게 깔린 으슥한 골목은 담벼락이 화장실 역할을 하기도 한다. 언젠가 담벼락 위의 고양이와 그 벽에 대고 소변을 해결하다가 서로 눈이 마주친 적도 있다. 갑작스럽게 자신의 공간을 위협받은 고양이와 시원한 물줄기의 기쁨을 침해당한 대리기사가 마주한 순간이었다. 집 잃은 고양이의 슬픔에서 나는 막차를 놓친 대리기사의 천근 같은 발걸음을 위로한다.

길냥이는 돌아갈 곳이 없지만 나는 돌아갈 집이 있다는 것이 행복이라고 생각하며 밤새 집으로 가는 콜을 기다린다. 직업을 통해서 얻게 되는 이런저런 아픔과 무한정 걸어야 하고 무작정 기다려야 하는 대리운전 노동은 기사들의 건강한 일상을 파괴한다.

그들이 돈을 버는 방식

처음 대리기사 일을 시작할 당시엔 다음 날 아침에 출근해야 하는 상황이었다. 당시 수도권 서부에서 인천의 부평까지 대리운전을 수행하며 퇴근했다. 그러다 보니 하루에 3~4콜 정도를 수행하곤 했는데, 콜당 단가가 1만 몇천 원짜리가 대부분이었다. 그런 방식으로 하루 5~6만 원 정도의 소득을 올리곤 했는데, 문제는 가정경제에 크게 도움은 안 되면서 체력 소모는 상당하다는 점에 있었다. 밤샘을 각오한 주말에도 나에게 배정된 콜은 이른바 '똥콜'이라고 부르는 저가 콜이 대부분이었다. 당시 나에게 대리기사를 권유한 이들도 경험이 많지 않았기에 노하우 같은 것을 전수받을 수 있는 상황이 아니었다. 대리운전에 더 많은 시간을 할애하기 시작하면서 나는 고심 끝에 특별한 상황을 제외하고는 2만 원 미만의 저단가 콜은 받지 않기로 했다. 그런 방식으로 해보니 1만 원대 콜 대신 상대적으로 단가가 높은 콜을 배정받기 시작했다.

초보 대리기사는 경험이 없으니 해당 운행이 거리 대비 적정 가격인지 여부를 정확히 알지 못한다. 처음엔 콜을 배정해주는 대로 무조건 받아서 수행하게 되는데, 몇 개월 경력만 쌓아도 저단가의 콜이 수입에 도움 되지 않는다는 사실을 알게 된다. 하지만 대리운전 회사 입장에서는 저단가의 수요도 수행해야 하기에 지속적으로 초보 기사를 모집할 수밖에 없는 구조로 흘러간다. 경력이 조금만 쌓여도 이른바 '똥콜'은 잡지 않게 되니, 저가 콜은 초보 기사나 나이 많은 기사에게 떠넘기는 방식이다. 그러나 대리기사를 지속적으로 모집하는 것에 이렇게 순진한 이유만 있는 것은 아니다.

대리운전 회사는 전국적으로 4천여 개가 난립하고 있으며, 회사들이 사용하는 번호도 5천~7천 개에 이를 것으로 추산된다. 우리나라의 자동차 등록 대수가 2,500만 대를 돌파했고 투잡을 포함한 대리기사가 전국 30만 명이니 대리기사 1인당 84대꼴로 시장이 정해지는 셈이다. 아주 단순하게 계산해서 대리기사의 하루 평균 운행 건수가 7건 정도라고 할 때, 12일이면 자신의 몫인 84대를 모두 소진해 버리는 꼴이다. 이렇게 포화 상태임에도 불구하고 대리기사를 모집하는 광고는 여전히 과대 과장광고가 판을 친다. 불경기를 극복하고자 투잡을 찾는 서민의 눈길을 사로잡기 위해 허위광고마저 불사한다. 심지어 카카오에서 모집하는 대리기사 광고에서도 시간당 평균 임금이 4만 원대라고 표시된 거짓 광고를 볼 수 있다.

그들은 왜 이리도 대리기사 모집에 혈안이 되어있는 것일까? 무엇이 그들의 자본주의 근성을 자극하는 것일까? 대리운전의 운행 수수료 20% 이외에 또 무엇을 노리고 있는 것일까?

대리운전 회사는 단순히 운행 수수료만으로 그들의 이익을 충당하는 게 아니다. 그보다 훨씬 많은 부당하고 편법적인 방식으로 대리기사의 삶을 옭아매고 있다. 대리운전 회사는 보험료를 보험회사와 나눠 먹기 하는 방식으로 이익을 얻는다. 보험회사 입장에서는 보험료를 직접 거두는 불편함과 비용 부담을 해소하고, 대리운전 회사는 자신들이 직접 대리기사에게서 보험료를 받아 그 일부를 편취하는 방식이다. 월 9만 원 또는 일 3천 원의 보험료 명목으로 뜯어내는 금액 중 절반 정도를 대리운전 회사가 부당이득으로 취하는 것이다.

보험으로 편취하는 비용은 비단 이뿐만이 아니다. 대리운전 회사가 가입하는 단체보험을 통해 부당한 이익을 노리기도 한다. 소속 회사의 대리기사가 100명이라고 한다면, 그중 70명만 대리운전 단체보험에 가입시킨다. 대리운전 단체보험료를 착복하여 부당이득을 취하는 것이다. 나머지 가입되지 않은 30명은 자신이 대리운전 보험에 가입되어 있다고 믿으며 대리기사 일을 수행한다. 그 대리운전 보험에 가입되지 않은 30명 중 1인이 사고를 내면 보험 가입된 70명 중 1인과 바꿔치기를 한다. 그런 방식으로 부당이득을 취하던 대리운전 회사가 군산에서 적발되기도 했다. 하지만 아직도 일부 대리운전 회사가 이런 방식으로 부당이득을 취하며 영업하고 있다. 이런 이유들 때문에 대리기사의 인당 보험 가입 전환이 절실한 것이다.

대리기사가 대리운전 회사에 내는 돈은 이뿐만이 아니다. 매일 관리비 또는 출근비 명목으로 1천 원을 뜯어간다. 한 달 기준 3만 원꼴이다. 무엇을 관리해주느냐고 물으면 콜을 배치해 주는 비용과 기타 등등이라고 말한다. 사실상 콜센터 운영비를 대리기사에게 전담시키고 있다. 그러나 콜센터 운영은 대리운전 운행 수수료 20%로 충분히 해결 가능한 부분이다. 월간 보험료 9만 원도 이해되지 않는데 거기에 관리비 명목으로 3만 원을 더 부담해야 한다는 것은 더욱 납득하기 어렵다.

대리운전 회사들은 로지라는 앱을 공동으로 이용한다. 이 로지 앱을 사용하기 위한 프로그램 사용료 1만5천 원을 대리기사는 또 부담해야 한다. 그런데 로지는 로지 1, 로지 2, … 로지 6 등의 이름으로 몇 개의 앱을 운영한다. 지역이나 시간대에 따라서 조금씩 콜이 다르게 울리기 때문에 이 6개 중 3개의 앱을 이용하면 훨씬 유리하다는 말도 곁들인다. 심지어 서버 과부하 때문에 앱을 6개로 나누어서 운영한다는 거짓말도 한다. 서버 과부하는 서버를 증량하면 될 일이다. 앱을 6개로 분할할 이유는 아닌 것이다. 따라서 로지 앱 3개를 사용할 경우 대리기사는 4만5천 원을 또 내야 한다. 이 로지 앱 사용료 개당 1만5천 원 중 3분의 1인 5천 원 정도를 대리운전 회사가 가져간다. 이런 방식으로 대리기사를 착취한다. 이렇게 대리운전을 하기 위해서는 매월 최소 15만 원 정도의 비용을 회사에 납부해야 한다. 대리운전 회사의 영업은 '수수료 장사'가 아니라 '사람 장사'라는 말이 그저 생긴 말이 아니다.

대리운전 회사는 'Alliance'라는 이름으로 몇십 개가 모여 연합체를 형성한다. 그 연합끼리 콜센터를 운영하기도 하고 고객의 대리콜을 공유하기도 한다. 고객의 대리운전 수요가 발생하면 로지라는 앱에 등록되는데, 자신의 소속 회사 대리기사에게 우선 배정하고 순차적으로 로지를 이용하는 다른 대리기사에게도 보여주는 방식이다. 이런 이유로 더 많은 수익을 위해 대리기사 한 명이 서로 다른 연합체의 여러 회사에 소속되기도 한다. 한편 이렇게 형성된 연합체들도 더 많은 대리기사를 보유한 대장 회사가 더 큰 이익을 챙긴다. 로지 사용료 중 일부인 5천 원 그 이상의 이익을 누린다. 대리운전 회사는 이런저런 이유로 끝없이 대리기사를 모집하는 것이다.

대리운전 회사가 대리기사의 몫을 갈취하는 것은 이뿐만이 아니다. 예를 들어 전화로 대리기사를 부른 손님에게는 5만 원을 카드로 결제하게 한다. 그리고 대리기사에게 보여지는 콜 카드에는 3만 원으로 노출한다. 이런 식으로 대리기사의 노동력 2만 원을 몰래 갈취한다. 물론 고객은 카드 결제를 위해 사전에 대리운전 회사에 신용카드를 등록한다. 대리기사는 운행 종료 버튼만으로 카드 결제를 완성한다. 운행 중 고객이 자신이 납부할 정확한 비용을 언급하지 않으면 대리기사는 그 '진실된' 비용을 알 수 없다. 대리운전 회사는 고객과 대리기사를 모두 속이는 것이다. 또한 다수의 고객은 차량 탑승과 함께 꿈나라로 가는 상황이라 고객이 대리 비용을 말하지 않는다면 대리기사는 자신의 노동력이 갈취당하고 있다는 사실을 알지 못한다.

이런 방식으로 대리기사의 정당한 대리운임을 갈취하는 것을 일명 '칼치기'라고 부른다. 이러한 '칼치기'는 비단 카드 결제에만 국한되지 않는다. 고급 음식점이나 대형 유흥업소는 손님들에게 서비스의 일환으로 대리기사를 불러주곤 한다. 그 비용은 업소 측에서 후불로 납부한다. 물론 사전에 특정한 대리운전 회사와 계약을 맺고 진행한다. 그런데 이런 과정에서 칼치기가 일어난다. 예를 들면 강남에서 수원까지 책정된 6만 원을 업소가 대리운전 회사에 지불하고 회사는 기사에게 3만 원만 지급하는 형식으로 칼치기가 발생한다. 이런저런 방식으로 대리운전 회사는 끝없이 대리기사를 등쳐먹으며 착취를 일삼는다.

건당 20%로 발생하는 수수료가 대리운전 회사의 주된 수입원이다. 대리운전 초창기엔 지금처럼 대리운전이 전국적인 네트워크가 아닌, 대리운전 회사가 위치한 지역 중심으로 운행하는 방식이었다. 대리기사도 자연스럽게 단일 소지역 중심으로 운행할 수밖에 없었다. 내비게이션이 없던 시절이라 지역의 지리를 잘 알아야만 운행이 가능하다는 점도 고려해야 할 부분이었다. 따라서 당시엔 대리기사가 운행을 종료하면 대리운전 회사가 셔틀버스를 운행하며 기사를 픽업해야 했다. 상황이 그러하니 회사가 운행 수수료 20%를 가져가는 것이 자연스러운 현상이었다.

그러나 지금은 상황이 대리운전 시장 초창기와는 다르다. 우선 대중교통이 활성화되면서 밤 12시 30분 정도까지 지하철이 운행된다. 또한 서울의 경우엔 심야버스가 있다. 대중교통도 새벽 4~5시부터 운행한다. 게다가 카카오택시도 있다. 또한 전국의 주요 도로엔 대리기사 전용 셔틀버스가 3~4천 원의 요금을 받는 유료로 운행된다. 물론 대리기사의 안전한 퇴근길이 현재의 체계로 모두 해결되는 것은 아니다. 중요한 것은 대리운전 회사가 과거처럼 셔틀버스를 운행하지 않는다는 점이다. 그런데도 대리운전 회사는 아직도 예전의 관행으로 20%의 수수료를 떼어 가고 있다.

이런저런 이유와 구실을 붙여 대리운전 회사는 대리기사를 호구 삼아 끝없는 착취와 만행을 저지르고 있다. 대리기사는 전국으로 흩어져 운전업무를 수행하기 때문에 단결력이 상대적으로 부족할 수밖에 없다. 이러한 현실을 악용하여 대리운전 회사와 카카오, 로지 등의 플랫폼 운영사는 대리기사를 봉으로 여기며 이해 불가한 폭리를 취한다. 거기에 더해 어떠한 규제도 없이 무분별하게 확산 중인 대리운전 회사의 무한경쟁을 빌미로 대리기사만 시달리는 중이다.

플랫폼의 노예들

한때 대리기사들은 영업 할당량이라고 하는 이른바 '숙제'라는 것을 의무적으로 수행해야 했다. "숙제하셨습니까?"라는 인사말이 새벽 시간 수도권 지역 대리기사들이 서로에게 인사처럼 하는 말이었다. 국내 최대 대리운전 배차 프로그램 업체인 로지가 대리기사들에게 매일 '영업 할당량'을 제시하며 이른바 '숙제'를 내는 등 부당 행위를 하고 있다는 비판이 거세게 일었던 적이 있다.

수도권 대리운전 콜을 카카오T대리와 양분하고 있는 로지 측은 지난 2016년 7월부터 대리운전 기사들에게 '숙제'라고 불리는 의무 콜을 강요해 왔다. 평일(월~목요일) 피크 타임인 밤 10시부터 새벽 1시에 4만 원 이상 나오는 거리를 운행하거나 콜 두 개를 수행해야만 새벽 1시 이후에 '우선 배차'를 받을 수 있는 자격을 준 것이다. 금요일에는 기준이 더 높아져 5만 원 이상 혹은 콜 세 개를 수행해야 했다. 2016년 5월부터 시장에 진출한 카카오T대리와 경쟁하기 위해 도입한 제도였다.

할당량을 채우지 못한 대리운전 기사들에게는 불이익이 이어지기도 했다. 그 시절의 대리기사들은 업체가 낸 '숙제'를 위해 자신이 직접 돈을 내고 가짜 대리운전까지 부른 경험을 갖고 있다. 로지가 정한 콜 수행 목표를 달성하기 위해 원치 않는 목적지의 콜과 터무니없는 가격의 콜을 억지로 수행하고, 이 기회마저 얻지 못한 기사들은 운행하지도 않은 가상 콜을 올려 수수료를 내면서까지 목표를 채우기도 했다는 것이다. '우선 배차'를 받지 못하면 배차를 제한받는 것과 같은 상황이 발생하기 때문이다. '숙제'를 하지 않은 기사가 콜이 발생한 지역에 가장 가까이에 있어도, 그보다 멀리 있는, '숙제'를 한 기사에게 '우선 배차'가 되는 식이다.

업체가 '숙제'를 내는 이유는 콜 점유율을 방어하기 위함이다. 카카오T대리, 티맵대리 등 대리운전 업체 간 경쟁이 심해지면서, 기사들이 피크 타임에 '숙제'를 처리하는 동안 다른 업체와 일할 수 없게 단속하는 수단으로 삼은 것이다.

현재 대리운전 시장의 규모는 연간 2조 원 정도로 추정되고 있다. 그중 약 60% 정도가 수도권에 집중돼 있다. 플랫폼 사업자는 로지소프트를 실질적으로 인수한 티맵대리와 카카오모빌리티의 2파전 양상이다. 플랫폼 사업자들에게 중요한 것은 경쟁사보다 얼마나 많은 콜을 점유해 시장을 좌우할 힘을 가지는가이다. 시장점유율이 곧 이윤과 직결되기 때문이다.

그래서 플랫폼 사업자는 대리기사가 자신의 콜을 묻지도 따지지도 않고 우선 수행하기를 바란다. 그러나 일명 '똥콜'을 거르지 않고 운행했다가 오지에서 고생하거나 저가 콜 몇 개 타면서 하루 수익을 망쳐 본 경험이 있는 대리기사들은 생계를 위해 가격이 높은 콜을 선택할 수밖에 없다. 이를 잘못이라며 대리기사를 탓하기 전에 운행거리와 운행 시간 그리고 오지 등의 목적지에 합당한 가격을 책정해주는 것이 우선이다. 대리운전 노동자들이 처한 저임금, 불안정한 노동 조건을 생각하면 더욱 그러하다.

2016년 카카오모빌리티가 시장에 진입했을 때, 로지소프트는 자신의 콜을 우선하지 않는 기사들에게 불이익을 줘 경쟁사의 콜 수행을 차단하려다가 공정거래위원회의 제재를 받기도 했다. 카카오T대리의 경우 운전면허증을 등록하고 보험 승인이 나면 대부분의 콜을 무료 보험으로 일할 수 있는 구조로 되어있다. 이에 반해 일반 대리운전 회사들의 연합형태 앱인 로지는 보험료를 납부하고 관리비를 내야 하며 프로그램 사용료까지 지불해야 한다. 로지를 이용하는 대리기사가 카카오T대리로 이동하는 것은 어찌 보면 자연스러운 현상이었던 셈이다. 한편 SK그룹에서 운영하는 티맵대리는 로지를 인수하면서 '숙제' 제도를 폐지하기에 이른다. 대리기사와 노조의 지속적이고 강력한 반발에 결국 항복하게 된 것이다.

카카오T대리라고 해서 문제가 없는 것은 아니다. 카카오는 2019년에 월 2만2천 원을 내면 '프로 단독 배정권' 2장을 지급하는 '프로 서비스'라는 제도를 도입한 적이 있다. 지금은 없어지고 다른 제도로 전환되었지만 나도 약 7개월 정도 이용한 경험이 있다. '프로 서비스'는 대리기사가 월 2만2천 원을 내고 해당 서비스에 가입하면 매일 '프로 단독 배정권' 2개를 지급하고 고가의 콜을 우선 배정해주는 방식이었다. 카카오모빌리티는 2016년 대리운전 연결 서비스를 시작하면서 기사들에게 수수료 20% 부과 외에 추가 비용을 부담시키지 않겠다고 선언했지만, 그들은 약속을 어기고 배차권을 판매한 것이다. 프로 서비스 미가입 기사는 격오지 콜, 저가 콜 등 이른바 '똥콜'만 배정되기 때문에 강제로 가입할 수밖에 없는 구조였다.

배차권을 팔아 수익을 내는 것은 불공정한 방식이라는 지적 때문에 이 제도는 폐지되었지만, 여전히 등급제라고 불리는 우선 배차권은 남아 있어 동료 기사들을 적으로 만들어 무한 경쟁시키는 것은 해소되지 않고 있다. 카카오는 콜 실적을 점수화해서 그린·블루·레드·퍼플이라는 등급을 부여해 단독 콜 등을 배정한다.

매주 월요일 오전 8시부터 다음 주 월요일 오전 8시까지를 기준으로 콜 수행 경력이 0콜이면 그린기사가 된다. 그린기사는 실시간 콜 수요 지도를 볼 수 없고 주변의 대리기사 숫자를 알 수 없다. 주변 동료 기사와의 소통을 막아버린다. 역시 같은 시간대를 기준으로 1콜 이상이면 블루기사라는 등급을 부여한다. 블루기사는 그린기사에게 막혀있는 혜택을 풀어주는 방식이다. 레드기사는 1주일간 목표점수 1,000점을 달성해야 한다. 퍼플기사는 1,500점을 달성하면 등급을 얻게 된다. 피크 타임에는 한 콜당 100점을 부여하며 기타 시간에는 10점을 부여하는 방식이다. 퍼플기사 1,500점 달성을 위해서는 오직 카카오T대리 앱만 이용해도 약 4~5일 정도의 시간이 필요하다. 따라서 이 등급제는 사실상 경쟁업체인 로지콜을 수행하지

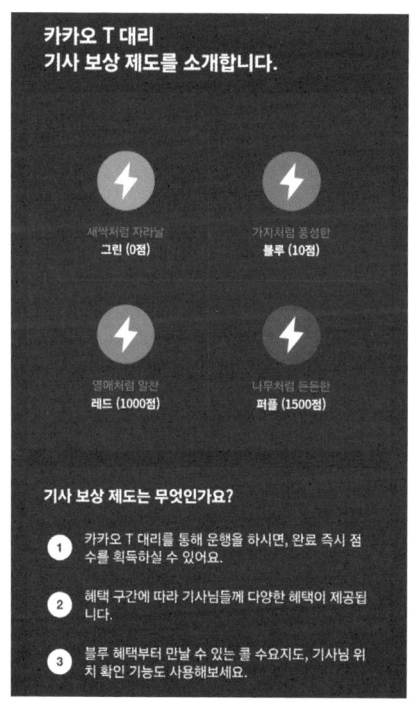

못하게 막는 방식으로 활용되고 있다. 또한 이는 사실상 '숙제' 제도의 연장선이라고 볼 수 있다.

내 경우 카카오T대리라는 앱 하나만 사용한다. 굳이 몇 개씩 사용하면서 이중 삼중으로 비용을 지불하고 싶지 않거니와 앱을 더 많이 사용할수록 더 심하게 노예화되는 느낌을 지울 수 없기 때문이다. 또한 N잡러인 상황에서 15~20일 정도만 대리운전 노동을 수행할 수 있는 상황을 고려한 선택이기도 하다. 그러나 카카오에서 규정한 레드기사나 퍼플기사를 유지하기 위해 무리한 노동을 수행할 때가 있다. 해당 등급은 다른 등급의 기사보다 콜을 우선 배정한다. 고단가의 콜을 수행하는 데 훨씬 유리하다. 또한 오지를 탈출할 때도 도움이 된다. 상황이 이러하니 등급제도 자체가 대리기사를 옭아매는 족쇄가 되며, 기사들은 자신도 모르게 등급의 노예가 된다.

대체로 대리기사들이 콜 수요가 상대적으로 적은 일요일 또는 월요일을 휴식일로 생각하며 하루 정도의 여유를 갖지만, 점수가 부족하여 등급 유지가 어려울 때는 일요일에도 무리하게 일하게 된다. 카카오 측은 보통 밤 10시부터 오전 2시까지를 피크 타임으로 정한다. 그 시간에 1콜을 수행하면 100점을 부여하기 때문에 점수가 모자랄 때는 과속 등의 위험을 무릅쓰기도 한다. 이 4시간의 피크 타임에도 수행할 수 있는 콜은 3~4콜 정도다. 운행 시간은 기본이며 대기 시간과 이동 시간을 고려하고 주차 시간까지 감안하면, 예를 들어 20분 주행 거리에 소요되는 다른 부수적인 시간 포함, 1시간이 소요되기도 한다.

 피크 타임에는 콜 수행 횟수에 따라 '단독 배정권' 또는 '프로 단독 배정권'이라는 것을 부여한다. 1회에 1매씩을 사용할 수 있다. 레드기사와 퍼플기사를 유지하면 '맞춤 콜'이라는 것을 이용하게 한다. 선호하는 지역을 맞춰 놓으면 우선 배정해주는 방식이다. 선호 지역의 고가 콜과 함께 다른 등급의 기사에 비해 우선 배차되기 때문에 배정권도 중요하지만 '맞춤 콜'을 받기 위한 등급 유지에 목숨을 걸다시피 하는 이유다.

 이러한 '숙제' 제도와 등급 제도가 대리기사의 극한 노동을 유도한다. 그러나 대리기사가 등급 달성과 유지를 위해 노동시간 연장과 함께 과로사의 위험을 자초한다면 고객이나 길 위의 제삼자에게도 피해가 갈 수 있다는 점을 간과해서는 안 된다. 고객의 안전과 교통질서 유지 차원에서도 이렇게 부당한 제도는 폐지되어야 한다. 모두에게 동등하고 동일한 방식으로 배차해야만 하는 이유다.

음주의 역사, 단속의 역사

　대리운전을 한 2년여 동안 두 차례의 음주단속 현장을 경험했다. 현장을 지날 때마다 고객들은 환호성을 지른다. 음주단속에 걸리지 않았다는 안도감이다. 만일 그 순간 차주가 운전했다면 백발백중 음주단속에 적발되어 수백만 원의 벌금형에 처했을 텐데, 대리기사와 함께하는 안전한 귀갓길 덕분에 단속되지 않았다는 희열이 작용한다. 한번은 고속도로 출구였고 또 한 번은 영종도의 신도시 다리 밑이었다.
　늦은 밤, 한적한 도로가 갑자기 막힌다면 그것은 거의 음주단속 중이라는 것과 동의어다. 단속 현장은 보통 몇 개의 차로를 막고 진행하기 때문이다. 또한 경찰이 음주단속기를 불게 하는 시간도 필요하다. 그러면 당연히 야심한 밤이라도 차는 막히게 마련이다. 그리고 혹시 모를 도망자를 위해 경찰차가 대기한다. 그렇게 음주단속 현장을 지날 때마다 고객들은 대리기사에게 감사의 마음을 전하기도 한다.

대리기사는 범죄예방의 선봉에 있다. 음주운전은 엄연히 범죄행위이기 때문이다. 어디 그뿐인가. 대리기사는 음주 사고의 예방자이기도 하다. 주취자들의 운전 사고는 대형 사고로 이어지는 게 다반사다. 그런 사고를 막는 역할을 바로 대리기사들이 하고 있다.

가수 김호중 씨가 음주 사고를 내고 도주했다가 큰 봉변을 당한 적이 있다. 술 취한 상태에서 운전대를 잡는 것은 살인 행위나 다름없다. 만취한 상태에서 운전하다 중앙선을 침범하여 택시 운전자에게 큰 피해를 입힌 사실이 CCTV를 통해 공개되었음에도 불구하고 자신의 매니저가 한 일이라고 발뺌하다가 결국 된서리를 맞은 것이다. 음주운전에 자비를 베풀어서는 안 된다는 교훈을 심어준 셈이다. 특히 음주운전이라는 범죄에는 단호해야 한다.

도로교통법에 따르면, 음주운전은 술에 취한 상태에서 운전하는 것으로 현행 판단 기준은 혈중알코올농도 0.03% 이상일 때다. 이럴 경우 다양한 행동 실험을 통해 집중력 결핍, 판단력 감소, 자제력 상실, 감정 기복 등과 충분한 인과 관계가 있음이 밝혀져 있다. 과거 0.05%의 기준이 좀 더 강화된 것이다. 일본 역시 기준이 0.03%다.

과거에는 도로 외 장소에서의 음주운전, 예를 들면 아파트 주차장 같은 곳에서의 음주운전은 처벌받지 않았으나 2011년 도로교통법 개정으로 도로 외 장소에서의 음주운전 또한 처벌 대상에 포함되었다.

  자동차 수가 지금보다 훨씬 적었던 1960년대에도 음주 사고가 빈발했다는 기사도 있다. 1962년 10월 말까지 전국에서 약 4천여 건의 교통사고가 발생했는데 이 중 149건이 음주운전으로 인한 사고였다. 음주 측정 기구도 없던 때라 단속은 쉽지 않았고 운전자들의 각성을 촉구할 수밖에 없는 시절이었다. 그러면서 음주 적정량이라며 운전자가 술을 마셔도 되는 기준을 제시했는데 지금 보면 참으로 터무니없는 기준이다. 허용되는 음주운전에 '술에 강한 자'의 기준은 '소주 2홉, 탁주 6홉'이라고 했으니 술이 센 사람은 소주 한 병(당시 소주 도수 30도), 막걸리 한 병 반까지는 마시고 운전해도 괜찮다는 뜻이었을까.

  한편, 술 취한 '오너 드라이버'들을 위한 대리운전 업체가 처음 등장한 것은 1982년 1월이다. 당시에는 이색업종이었다. 서울운전대행상사라는 회사가 경력 7년 이상의 운전자 10명을 고용해 대리운전업체 1호로 등록하고 영업을 시작한 것이 대리운전 회사의 시초로 알려져 있다. 요금은 지금과 비슷할 정도로 매우 비싼 편이었다. 대기업 대졸 신입사원 초임이 20여만 원이던 시절에, 소형차 1만5천 원, 중형차 2만 원, 대형 승용차 3만 원이었으니 지금 가치로 최고 수십만 원을 주고 운전을 맡긴 셈이다.

  다만 초창기의 대리운전 기사는 미리 술집 근처에서 고객이 술을

다 마실 때까지 기다렸다고 하니, 지금과 확연한 차이가 난다. 이후 이 회사는 비싼 대리운전 가격과 음주 운전자들의 경각심 부족으로 인해 채 1년도 되지 않아 사라지고 말았다.

음주운전은 치사율이 매우 높고, 일단 발생하면 대형 사고라는 특징을 갖는다. 또한 적은 양의 술을 마시더라도 운전행위에 미치는 영향은 대단히 크다. 경찰이 이러한 음주운전의 비극이 발생하지 않도록 제도 개선뿐만 아니라 실질적인 단속 활동을 지속적으로 전개하고 있다지만, 예방 노력의 속도보다 음주운전에 대한 안이한 생각과 반복되는 안전 불감증의 속도가 더 빠른 것도 문제인 듯하다. 처음 몇 번 음주운전을 해보니 적발도 되지 않고 사고도 나지 않아 할 만하다고 생각하는 유형이다. 실제로 나의 지인은 5번의 음주운전에도 걸리지 않았다고 자랑하다가 결국 여섯 번째 음주운전에 적발된 사례도 있다.

대리운전 비용이 아까워서 음주운전을 시도하는 경우도 있다. 대리운전 비용 5만 원이 아까워서 결국 500만 원의 벌금을 물어야 하며, 범죄자라는 낙인에서 벗어날 수 없다. 또한 오지에서 술을 마시거나 오지가 도착지일 경우에는 대리기사 부르기가 쉽지 않다. 불러도 오지 않는 대리기사 때문에 급기야 기다리다 못해 음주운전을 하고야 마는 유형이다. 간혹 호기심 때문에 음주운전을 하는 경우도 있다. 술 마시고 운전하면 어떻게 되는지 확인해보고 싶어 하는 유형이다. 첫 음주운전의 시도는 대체로 이런 케이스다. 그런데 이런 호기심 유형은 나중에 습관성 음주운전으로 발전한다.

사실, 음주운전에 대한 가장 확실한 해결책은 캠페인도 아니고 첨단 장치도 아니다. 음주운전을 하지 않겠다는 운전자 본인의 강력한 의지와 법의 엄격한 처벌만이 특효약이다. 지극히 상식적인 이야기지만 음주운전은 자신뿐만 아니라 피해자의 삶까지 망가뜨린다.